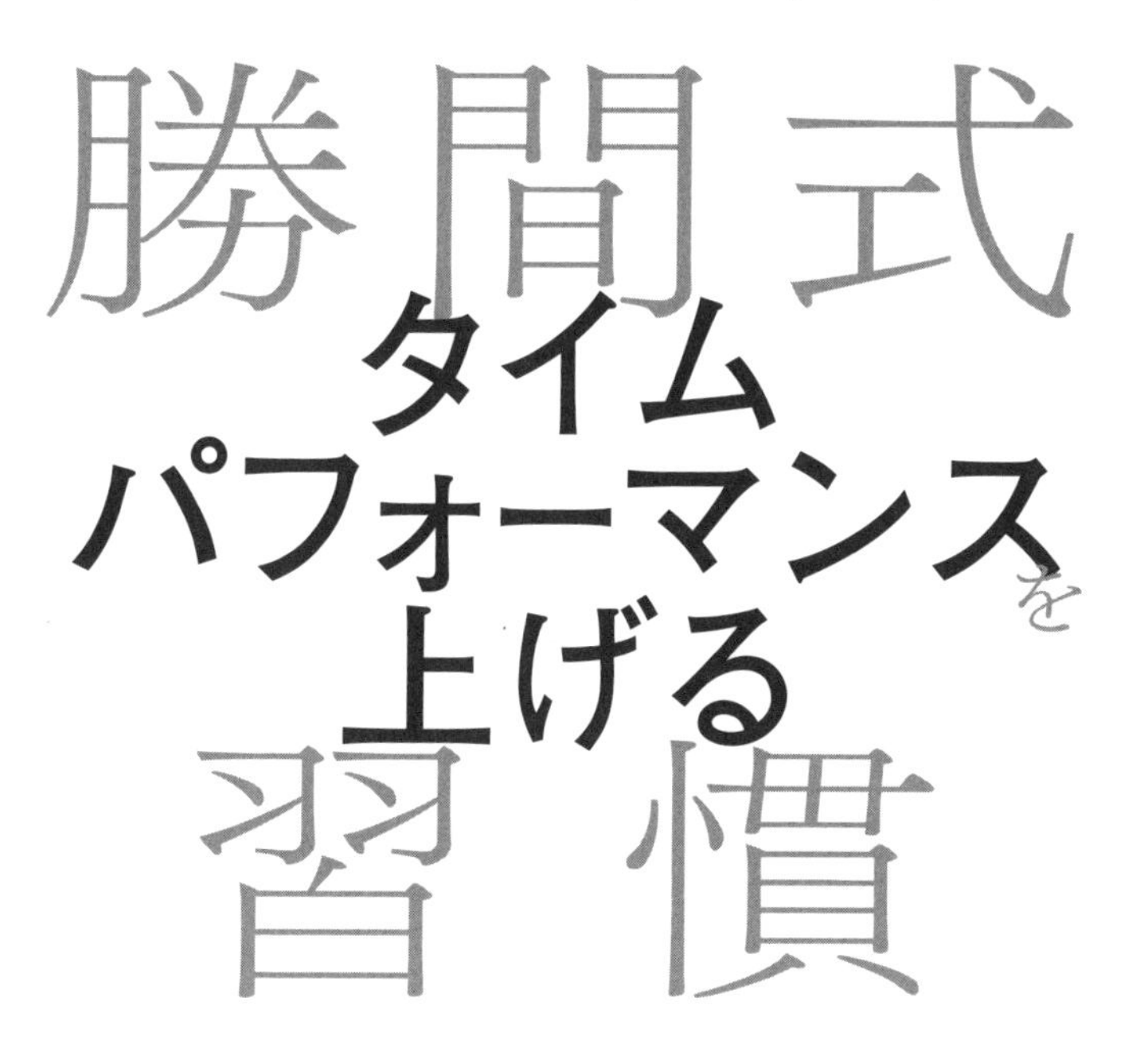

勝間和代

宝島社

はじめに——
本当の豊かさは時間リッチからやってくる

「Time is Money（時は金なり）」ということわざがありますが、むしろ、有限である時間というのは、お金よりももっと大事なものではないでしょうか。

お金は稼ごうと思えば、いくらでも稼ぐことができます。しかし、私たち一人ひとりに与えられた人生の時間は限られています。世界の歴史上、不老不死のまま過ごした人間はいまのところ、一人も存在していません。私たちは自分の限られた持ち時間を費やし尽くして、やがて死を迎えることは避けられないのです。

もちろん、「人生100年時代」「人生120年時代」と今日（こんにち）よく言われるように、食生活の改善や医療の進展によって、人間の寿命はかつてよりもずっと延びています。人生の持ち時間が増えているのは確かです。今日では日本人の平均寿命は男女ともに80歳を超えていますが、いまから150年以上前の明治時代ではおよそその半分、40

代半ばくらいが当時の平均寿命だったのです。日本人の寿命はこの150年間で倍になったとはいえ、それでもなお、人間の一生は限りあるものなのです。

どんなにやりたいことがあっても、時間は有限ですから、普通に過ごしていては、やり遂げることができないまま、人生を終えてしまうことでしょう。

ですから、重要なのはいかに時間を効率よく使うか、効率よく過ごすか、ということになるわけです。

たとえ時間の絶対量を増やすことはできないとしても、効率的に時間を使うことができれば、これまでと同じ時間でやれることは2倍にも3倍にも増えていくのです。

繰り返しますが、お金は稼ごうと思えばいくらでも稼げる。増やそうと思えばいくらでも増やせる。けれども、時間は増やそうと思っても増やすことはできない。私たちの人生は、限られた時間しかないからこそ、より効率よく時間を使うことが求められるのです。

この本は、あなたを「時間リッチ」に導く本です。

お金持ち、つまりキャッシュリッチになることが、本当に豊かな人生なのではありません。むしろ、この忙しく慌ただしい現代社会において、いかに自分の時間を持ち、何をするにも時間に困らず、さまざまなことに対して常に自分がしたいように時間を使うことができる、ということが本当に豊かな人生なのではないでしょうか。いくらたくさんお金を持っていても、それを使って、自分にとって有意義な時間を過ごすことができなければ何にも意味がありません。私はキャッシュリッチ（お金持ち）に対して、好きなだけ自分の時間を持ち、使うことができる状態を「時間リッチ」と定義しています。

つまり、使い切れないほどのお金があるのがキャッシュリッチであるのに対して、使い切れないほど時間があるのが、「時間リッチ」なのです。

「時間リッチ」な人になれば、自分の時間がないことで、自分の夢ややりたいことをあきらめたりする必要はなくなります。それが「時間リッチ」の目標でもあります。

先ほども述べたように、人間の一生は有限です。人生の持ち時間は限られています。ですから、そのなかで自分の時間を増やすには、効率よく時間を使わなければなりません。

しかし、私たちは小さい頃からずっと、時間の大切さよりも、お金の大切さを優先させるように、教育を受けてきたのではないでしょうか。たとえば、「お金をなるべく節約して無駄遣いしないようにしましょう」としばしば、大人たちから教えられてきたと思います。しかし、時間の使い方についてはどうでしょうか。そこまで厳密に教えてもらえたかというと、Ｎｏです。

多くの大人たちが、お金を優先させて、時間を度外視しすぎているようにも思えます。「Time is Money（時は金なり）」は一見すると、時間とお金は等価物である、という主張によって、「時間はお金と同じくらい大切だ」という教訓になっています。しかし、果たして本当にそうでしょうか。

お金について言えば、人から借りることだってできますし、現代の日本社会であれば、生活費に困れば、公的な補償など、さまざまな手段で得ることができます。しかし、時間に関しては、人から借りるわけにはいきません。他人の寿命を自分の寿命にプラスすることは不可能です。一人の人間の持ち時間は、この世に生を受けたその瞬間から、日々減っていく一方なのです。その持ち時間を物理的に増やすことは誰にもできません。

その意味で言えば、人生の質の良し悪しは、どれだけ一生の間で、自分の時間を持ち、自分がやりたいことにそれを投資することができたか、にかかっているのではないでしょうか。つまり、タイムパフォーマンスをよくすることが、その人の幸福度を決めるのではないかということです。そのために必要なのは、やはり時間を無駄遣いしないことです。そして、自分にとって重要だと思えることに好きなだけ時間を使えること、すなわち「時間リッチ」を実現するほかありません。

時間リッチとはまさに時間を無駄遣いしない行動の仕方であり、生活習慣であり、思考方法なのです。

私はいわゆるZ世代と言われるような若い世代の人々は、この「時間リッチ」的なイメージをよく理解していると思います。コストパフォーマンスよりも、タイムパフォーマンスを優先する生き方をまさに実践していると思います。

私もこれには大賛成です。「コスパよりもタイパ」がこれからの生きる指針になるのではないでしょうか。それこそが、本当にやりたいことをやって生きる、多くの人々にとって本当に幸せな一生を送るヒントであり、近道であると思うのです。

充実した人生を送るためには、毎日のタイムパフォーマンスをよくするように心がけること、そしてその繰り返しの実践しかありません。そうすることで、私たちは時間リッチを達成することができます。

本書では、時間リッチになるための考え方、そしてより具体的な実践方法をさまざまに紹介しています。時間リッチとは何も難しいことではありません。誰でも実践できるものですし、それはあくまでも「方法」や「技術」にすぎないのです。それを繰り返し実践し、習慣化することができれば、誰もが時間リッチになることができます。

ぜひとも、若くて賢いZ世代に学ぶと同時に、彼らに負けないくらい、充実した人生をいますぐにでも送れるよう、参考にしていただけたらと思います。本を読み終わった後、自分の時間がたっぷり生まれるような気持ちにきっとなっていただけると思います。その湧き起こったやる気をそのままにするのはもったいない。恐れずに実践あるのみです。ぜひ、自分の時間を増やせる感覚を、一緒に楽しんでください。

勝間　和代

目次

第1章 時間リッチな人生を送るために

第2章

タイムパフォーマンスを意識する

目次

第3章
頭のなかに「時間の家計簿」を持とう

第4章

時間泥棒を撃退しよう

目次

第5章

仕事を効率化してリッチな人生を手に入れる

第1章

時間リッチな人生を送るために

キャッシュリッチだけでなく、時間リッチになるためには

お金よりも時間が大切

人生を充実させ、幸せに生きるにはどうしたらいいでしょうか。

本書ではその問いに対して、最もわかりやすく、そして誰しもが実践することができるものとして、「時間の大切さをよく知ること」だとお答えしたいと思います。

よく言われるように、お金をたくさん稼げれば幸せになれるのかというと、そうではないのです。お金の場合、やり方さえ間違わなければ、人間の一生で十分なくらいの金額を手に入れることはできるだろうと思います。

お金に関しては、自分で働いて稼ぐだけでなく、投資のようにお金がお金を生み出

すこともあります。あるいは人から借りることもできます。

現代社会においては、科学技術の発展によって、さまざまな分野で生産性が上がり、かつてよりも私たちの生活水準は高くなっていると言えます。そして、インターネットの普及などを通じて、私たちはより安価に、エンターテインメントを楽しむことができます。つまり、現代ではお金は稼ぎやすく、またさほど使わなくても楽しく毎日を過ごすことができる、と言えるかもしれません。

しかし、一方で時間についてはどうでしょう。

情報化が進むとともに、私たちの前には、かつてよりももっとたくさんの選択肢に開かれている、自由な時代になってきていると思います。しかし、そうであるからこそ、私たちが日々、処理しなければならない情報は膨大になりました。選択肢や可能性が増えた分だけ、さまざまな活動をするための時間が必要になっているのです。

ところが、です。

情報量が増大し、選択肢や可能性が増え、私たちはますます自分のやりたいことが増えています。にもかかわらず、やりたいことをやるための時間は、さほど増えていないのではないでしょうか。

やりたいことをやるための時間がないために、やりたいことをあきらめている。これが、多くの人にとっての本音なのではないでしょうか。

「はじめに」で述べたように、「時は金なり」という格言は、時間とお金を等価に大切なものとみなしていますが、現代社会においてはむしろ「お金よりも時間が大切」なのです。やりたいことが増えたことで、私たちはもっと時間を必要としているというわけです。

つまり、人生の幸福度を上げるためには、お金よりも時間を大切にすることを優先すべき時代が、まさに現代なのです。

科学技術は時間を奪うのか、それとも増やすのか

現代ビジネスにおいては、SNSなどに代表されるように、いかにユーザーの自由な時間を奪い、製品やサービスの虜(とりこ)にするかというところに、重点が置かれています。ユーザーがその製品やサービスに時間を費やせば費やすほど、サービスを提供する側の収益が上がるわけです。

たとえばYouTubeの動画配信はその典型でしょう。視聴者の再生回数と再生時間

が増えれば増えるほど、配信者の懐（ふところ）に入る広告収入も増えることになります。つまり、言い換えれば、それはユーザーの自由な時間を奪っていることになるわけです。

テレビや雑誌などのメディアも基本的には、それと変わりありません。視聴率が高ければそれだけ広告費を出すスポンサーが増えることを意味します。視聴率というのは、すなわち、視聴者の「時間を奪う」ことで得られる数字に他なりません。

このようなビジネスが今日の典型だと理解するならば、ありとあらゆる手段を用いて、人々の時間を奪い、時間を搾取するようなビジネスモデルに、私たちは囲まれながら生きているかがよくわかるのではないでしょうか。

こうしたビジネスモデルの発展は、当然ながらインターネットをはじめとする科学技術の進歩によって可能になったと言えるでしょう。

もちろん、このような科学技術の進歩は、私たちの時間を奪う大きな産業を生み出した半面、私たちの生活に、さまざまな恩恵も与えてくれています。

ＩＴ機器の活用は仕事だけでなく、家電に実装されたことで家事もずっと効率よく実行することができるようになりました。それは、生活のさまざまな場面で機能しています。つまり、科学技術は私たちの時間を奪うために使われる一方で、反対に時短にもつながり、生活の質を上げるのに効果を発揮していると言えるのです。

今後は、さらに人工知能（ＡＩ）の発展によってさまざまな恩恵が得られることでしょう。たとえば自動運転システムの開発と普及が進み、渋滞や遅延の改善が行われるなど、これまでかかっていた移動時間が一気に短縮する可能性もあります。

インターネットの普及などに代表されるＩＴ化、デジタルトランスフォーメーション（ＤＸ）の進展というものは、こと時間の問題に関して言えば、時間を奪うことにもなれば、時間を生み出すことにもなります。

それは、まさに諸刃の剣です。良い面もあれば、悪い面もあります。

私たち自身が意識的に気をつけなければ、私たちの時間はこうした科学技術を通じて、どんどん搾取されてしまうでしょう。

しかし、その一方で、これらの科学技術やサービスをうまく使い、活用できるならば、時間を奪われるどころか、上手に自分の時間を増やすことができるのです。

キャッシュリッチから時間リッチへ

新しい技術をいかに活用するかというのは、当然ながら収入の面においても同様のことが言えます。詳しくは後述しますが、投資の分野では、インターネットの普及によって可能になったドルコスト平均法は、まさに誰しもができる収入の上げ方のひとつとなりました。

それは科学技術の進展によって誰でもお手軽にできるようになった、ある種のイノベーションであると言えるでしょう。

これと同じように、時間に関しても、今日の科学技術の発展によって、さまざまなイノベーションが起こっています。この時間のイノベーションをいち早く実現することで、私たちは時間リッチを達成することができるのです。

しばしば「若さ」というものが価値を持つ日本社会ですから、多くの人が歳を取ることを怖がっているのではないかと思います。

しかし、年齢を重ねることで、熟練したスキルを身につけ、考え方・思考も円熟味が増し、収入も上がるとすればどうでしょう。さらに歳を重ねても、さらに健康になっていくのであれば、誰も歳を取ることを怖がったりはしないはずです。むしろ、歳を取ることはよいことだと思えてくるでしょう。

時間リッチとは、まさにそんなイメージなのです。

つまり、何が言いたいかというと、とにかく歳を取れば取るほどに、自分が自由に、効率よく時間を使えるようになっていくということです。時間の使い方とは、スキルの積み重ねでもあり、やればやるほど効率よくなっていきます。

人生の時間は限られているけれども、その限られた時間のなかで、自由な時間を増やすことができる。時間の使い方が熟達すればするほど、自由な時間はさらに増えるのです。これは、歳を取れば取るほど、資産が積み上がっていくのと、まったく同じようなイメージだと言えるでしょう。

近年、「Financial Independence, Retire Early」、すなわちＦＩＲＥと呼ばれるように、早期に十分なお金を貯めたり、投資や株主配当などで、必要なお金が自動的に入ってくるような仕組みを作ったりして、早期リタイアを実現しようというような、ビジネスモデルや人生モデルがもてはやされました。

しかし、結局はＦＩＲＥ自体が目指していることも、お金のために働くことから解放されたい、ということなのです。

その結果、何がもたらされるかというと、お金を稼ぐための労働に縛られない、自分の思いのままにできる自由な時間を使えるようになる、ということになるでしょう。

目標・目的はあくまでもそこなのです。

たくさんのお金を稼ぐことではありません。

自分の好きなことができる、自由な時間を増やすということが、私たちの人生にとって本当に重要なことなのです。

もちろん、お金もある程度はあったほうが、人生の自由度は上がるでしょう。けれども、目的と手段をはき違えている人が、現代社会にはあまりにも多いのではないでしょうか。

その結果、お金はたくさん入ってきているけれども、いつまでも汗水流して、仕事に追われるばかりの毎日を過ごしているというビジネスパーソンも、きっと多いだろうと思います。果たして、そうした生活が幸福だと言えるでしょうか。

むしろ、自分の好きなことをする自由な時間がたくさんある人のほうが、毎日を充実して過ごしていないでしょうか。こうした余裕やゆとりがあるからこそ、私たちは幸福になれるのではないかと思います。

つまり、お金をたくさん稼ぎ、たくさん貯金をすること以上に、真剣に、いかに自由な時間を増やすかを目的とすることが、時間リッチな人の思考なのです。

勝間和代は3人いる!?——やりたいことができる生活

私は54歳になったいま、自分の好きな時間に寝起きして、仕事をする時間も自由に選ぶことができています。睡眠時間も、運動時間も、旅行や趣味に費やす時間もたっぷりと取っています。同世代の人たちのなかで、私よりもずっとお金持ちの人はたくさんいると思いますが、私よりも自由に時間を使える人は、そう多くはないだろうと思っています。また、実際に周りの人たちもそのように評価してくれることが多いのです。

複数の仕事を遂行するのはもちろんのこと、私はプライベートでもかなり多趣味なほうです。大型バイクに乗ってのツーリング、船舶の操縦、料理に麻雀、旅行に演劇鑑賞、競技ゴルフにボランティア活動と、充実した毎日を過ごしています。

よく「勝間和代さんは、実は3人いるんじゃないか」なんて人から言われたりもします。それほど、私は自由な時間を謳歌(おうか)しているのです。

なぜ、それができるようになったかと言えば、やはりこれまでの20~30年の間での、いかに効率よく時間を使うかという工夫の積み重ねの結果だろうと思うのです。自由に時間を使える環境を整えることを、私は一番に目指してきました。その成果があたかも複利計算のように積み上がってきたからこそ、時間リッチになることができたのです。

時間リッチになるためのスキルというのは、そこまで難しいことではありません。自分が時間リッチになるぞと決心して、そこへ向かっていこうと思えば、誰でもできることだと思います。

大事なのは、自由に自分の時間を使えるような状態を目指すというその決意なのです。

「貯金１０００万円を目指す」とか、「トータルの資産を1億円貯めたい」というような、具体的なお金の数字を、人生の目標に掲げる人がしばしば存在しますが、それと同時に、自分の時間を自由に好きなだけ使えるようになりたいという目標を持ってほしいのです。十分なお金と同時に、自由な時間も十分にある。そんな理想を思い描けるようにしましょう。

時間リッチになる＝将来、時間に困らないようにする

時間割引率のコントロールを覚える

　では、時間リッチになるために最も重要な考え方は何か、ここではお話ししたいと思います。それはまず、自分の時間を、自分の人生全体から俯瞰できるようになることが重要です。いまこの瞬間だけの利益を追求するのではなく、自分の人生全体の利益から見て、時間の使い方を考えるのです。

　すなわち、いま現在の視点から時間の使い方を最適化するのではなく、自分の人生全体を通しての最適化を目指す、ということになります。

　現在という時間と、自分が亡くなるまでの将来的な時間を連結させて、自分の生涯

を通じて、自分が時間に困らないようにするにはどうすべきか、これをどのように考え組み立てるか。そのためのスキルが、時間リッチになるためには、最も重要なのです。言い換えれば、それは「未来のことをちゃんと考える力」ということになります。それは、時間割引率のコントロールをきちんとできるようになる、ということでもあるのです。

時間割引率は、時間選好率とも呼ばれます。将来の報酬の価値を、現在の価値よりもどれくらい高く、あるいは低く感じられるか、時間による割引率で示したものです。多くの人が、将来得られるであろう報酬よりも、いますぐに手に入れることができる現在の報酬のほうが重要だと考えてしまいがちです。時間割引率が高ければ高いほど、人は現在の報酬を重視しますが、逆に低ければ低いほど、将来の報酬を得るまで我慢することができる、というわけです。時間リッチになるためには、この時間割引率をいかに下げるかが重要になります。

簡単に言えば、その瞬間は楽しいけれども、後になればなるほど困った結果を招いてしまう行為を極力、自分の人生から削っていくことです。それはいまという時間と、将来の時間をなるべく等価に、あるいは将来の時間をより重要に考えるようにするということなのです。これは、未来に対するリスクヘッジにつながります。

時間割引率という視点を、自分のなかに明確に確立することができれば、いま行うべきことと、いますぐやめるべきことの区別をきちんとつけることができるようになります。

飲酒は時間割引率が高い

それでは、典型的に時間割引率が高い行為とは何でしょうか。ひとつには、過度な飲酒という行為が挙げられるでしょう。

飲酒をすると、いま現在の時間が、アルコールによる酩酊（めいてい）に浪費されます。また身体的には、摂取したアルコールを分解して体外に排泄しようとして、臓器の働く時間がそれに割かれてしまいます。その一方で、飲酒という行為は、その場、その瞬間だけの楽しみを謳歌することができます。

ところが、いま現在の報酬を優先させ、過度な飲酒を積み重ねた結果、将来的には肝硬変や糖尿病などのリスクを高める結果となるのです。つまり、過度な飲酒は、いま現在の快楽＝報酬のために、未来の健康＝報酬を犠牲にするという時間割引率の高い行為であると言えます。

時間という観点に立ってみると、飲酒という行為は、非常に悪い時間の投資であることがわかるでしょう。しばしば、「少量であれば健康にいい」「ストレス解消になる」というような言い訳をして、いま現在の時間を飲酒に費やす人がいますが、本当にそうでしょうか。健康によい飲み物だったら、アルコールでなくても他にいくらでもあります。ストレス解消法にしても同じことです。

時間割引率という視点に立ち、時間リッチになるという目標から考えると、飲酒は時間の浪費でしかない。飲酒によって判断力が低下し、それ以外のことはできなくなるというデメリットのほうが大きいのです。結果、飲酒をすればするほど、いま現在の時間も、将来の時間もどんどん目減りしていくのです。

運動は時間割引率が低い

では今度は反対に、典型的に時間割引率の低い行為とは何でしょうか。健康という点から考えると、ひとつには、適度な運動が挙げられるでしょう。

ランニングやウォーキングなどの有酸素運動であれ、筋力トレーニングなどの無酸素運動であれ、運動は適度に行えば、体調も改善し、身体の老化も防止することができます。また、うつ病や認知症などの予防にも効果的です。毎日、適度な運動を習慣にすることができれば、その積み重ねによって、将来的な健康リスクも軽減することができるのです。それはつまり、将来の報酬＝健康を重視することになります。言い換えれば、それは時間割引率の低い行為なのです。

運動をするということは、将来に対する、自分の自由な時間の、効果的な投資になるということです。

「飲酒の時間を減らし、運動の時間を増やす」。このような発想を持ち、行動するだけで、健康リスクを軽減させ、健康寿命を延ばすことにもつながるわけですから、結果的にそれは将来の自由な時間を増やすことにもつながるでしょう。

これがつまり、先述したように、いま現在の視点から時間の使い方を最適化するのではなく、人生全体を通して最適化するということなのです。いま現在の快楽を優先して時間割引率の高い行為で、時間を浪費してしまうのではなく、将来を含めた人生全体から考えて、時間割引率の低い行為を積み重ねていく。人生全体の時間から逆算して、今日の行動を決めていくのです。

そのように考えると、まさに飲酒というのは将来の時間に対する「借金」なのです。反対に、運動は将来の時間に対する「投資」であると言えます。

日々の生活のなかで、なるべく時間の借金を減らし、時間の投資を増やしていく。その結果が、１年後、２年後、あるいは10年後に配当として私たちの人生という懐に入ってくるのです。なるべく早くからやっておけばやっておくほど、５年後、10年後には時間に困らない人間になっていることでしょう。逆に浪費ばかりしていれば、５年後、10年後には自由な時間の手持ちはずっと減ってしまうはずです。

暇つぶし老人にならないために

時間割引率をいかに低く抑えることができるか。言い換えれば、いま現在の時間をただその瞬間のためだけに浪費してしまうのではなく、自分の将来の時間と連結させて考え、行動するのです。それを繰り返すだけで、自分の自由な時間というのは増えていきます。

その結果、日々、仕事をして家事をして、友人付き合いや仕事相手との社交に時間を費やしたとしても、時間が余るようになるでしょう。その余った時間を、自分の好きなことに充てることができるようになります。これは、普通の金銭的な投資と変わりません。早く投資をすればするほど、一定以上の時間が経過すれば、その配当だけで暮らせるようになるのと、まったく同じことが時間にも言えるのです。

もちろん、定年を迎えて、仕事を退職した後に、十分な時間が得られたという人もいるでしょう。しかし、定年を迎えるということは、現在の日本社会であれば60～65歳前後の年齢であり、体力的にも若い頃のままというわけにはいきません。自由な時間を何に使うか、その選択肢は制限されてしまいます。

また、若い頃から上手な時間の使い方ができていなければ、結局、定年を迎えても時間の使い方は変わりません。ただ浪費するだけなのです。そういう人は、自由な時間が増えたとしても、結局、持て余してしまうケースが多いでしょう。日がな、図書館に来て、新聞を他の人と奪い合うようにして読み、昼寝して過ごすというような、能動的な時間の使い方ではなく、ほとんど暇つぶしに時間を浪費するだけで、日々が過ぎていくのです。

ですから、重要なのはなるべく現役の若いうちから、時間を投資するという発想や思考を身につけて、日々、それを実践するようにすべきなのです。

時間資産を形成するための投資

ドルコスト平均法の考え方を応用する

さて、それでは時間を投資するということは、具体的にどういうことでしょうか。

私はしばしば普通の金銭的な投資の場合、これまでさまざまなところで、ドルコスト平均法で積み立てていくと一生、お金に困らなくて済む、というような話をしてきました。金銭的なリスクは、ドルコスト平均法で解消することができるのです。時間の投資についても、ドルコスト平均法の考え方を応用することができるのではないかと、私は考えています。

ドルコスト平均法とは、価格が変動する金融商品に対し、一定の金額で、定期的に購入する方法のことを言います。私は手数料の安いネット証券会社が普及し始めた30代前半の頃から、収入の2割をこのドルコスト平均法で積み立てて、世界株式インデックスや先進国不動産投資信託インデックスなどに投資していました。10年単位、20年単位で見れば、こうしたドルコスト平均法での投資結果は基本的には増えていくことになります。中長期的にはドルコスト平均法は有利なのです。

これと全く同じように、若いうちから、1日のうち自分の時間の2割を、自分の将来の時間のために投資することを心がけるとよいでしょう。どんなことに投資するかというと、将来、よりよい時間の使い方ができるように、その方法を探したり、そのためのスキルを身につけたりするために行動する時間に充てるということなのです。

ドルコスト平均法が習慣化すれば、徐々に自分の資産が増えていくことに対して喜びの感情が出てきます。その結果、自然と収入の10割すべてを安易に浪費するのではなく、そのうちの2割を投資に回すということに対して、さらなるモチベーションが湧いてくるものなのです。

時間への投資についても、まったく同じです。日々、2割の時間を、将来の時間の使い方のために投資していると、1年前、2年前、3年前の自分からすれば、投資した分が現在の自分に対してそれなりのリターンとなっていることを実感できます。時間の使い方がうまくなり、その分、自分の自由な時間が増していくということになるのです。

毎日の時間の2割を将来のために投資する

お金も時間も、日常生活は8割で回し、2割は将来のための余裕として投資に充てる。この発想があるかないかで、5年後、10年後の生活がガラッと変わってしまう。キャッシュリッチ、時間リッチになるには、そうした強い覚悟が必要です。

2割は投資に回すという考えをしっかりと持ち、あらかじめ天引きしておくのです。そうすれば毎月のお金も時間も、ただ使い切ってしまうということにはならないでしょう。それはある意味では、2割の余裕を持つということです。

その余裕がある毎日を過ごしている人からすれば、常に10割を使い切っている人は、非常にリスクの高い生活を送っているように思えてきます。毎月の収入を全部、使い切ってしまい、仕事やプライベートに忙しくて、常にぎりぎりで生活している、というような印象を抱くことでしょう。ドルコスト平均法的な発想に立つことができれば、そうしたリスクを冒すこと自体を懸念するようになってくると思います。

運動などに代表される時間割引率の低い行動というのは、その日、そのとき、すぐにその投資の成果は実感することは難しいものです。しかし、そうした行動は、3カ月後、半年後、1年後には確実な成果として現れてきます。そのような行動に、十分な時間を投資するという思考と行動の習慣が重要なのです。

2割というのは、あくまでも比喩です。ですから、ある程度の目安として考えていただきたいと思います。もし、2割を投資するのが難しいときには、1割でもいいのです。とにかく少しずつでよいので、いま現在の時間を将来の時間のために投資することを積み重ねていきましょう。

毎日が忙しくて、2割どころか1割も時間が余っていないと嘆く人も多いでしょう。しかし、そのような人はまず自分の時間の使い方を見直してみてください。テレビをダラダラと見ている時間、お酒を飲んでいる時間などのように、時間割引率の高い行動に時間を費やしていることが多いのではないでしょうか。そうした時間を、もっと時間割引率の低い行動に充てて、投資の時間にすればよいのです。

私は30代の前半でお酒をやめました。かれこれ20年以上が経ちますが、これほど時間の投資に役立ったことは他にありません。

飲酒は、お金の面でも、時間の面でも、リスクの高い行為なのではないかと思います。飲酒をしていたら失っていたお金や時間を、この20年以上の間に、将来のために使うことができたのです。その結果、先述したように「まるで勝間和代は3人くらいいるのではないか」と言われるほどに、自由な時間を自分のやりたいことに十分に使えるようになりました。

読書は時間の投資である

投資する2割の時間に、具体的にはどんなことをすればよいでしょうか。そこで、私がお勧めしたい典型的な時間の投資は、「読書をすること」です。

私は人から普段の生活のなかでどんな本を読むのか、よく人から聞かれることがあります。この世にはさまざまな書物があり、すぐに役に立つものもあれば、いますぐにではなく、何年も後になってからじわじわと効いてくるものもあります。むしろ、すぐに役立つかそうでないかは、読書にとってはあまり問題ではないように思うのです。

私自身、すぐに役立つかどうかで読む本を決めているわけではありません。自分が惹かれる本を、なるべくたくさん読むようにしています。それが結果的に、即効性のある時間の使い方に有益な情報をもたらしてくれることもあれば、将来において自分が時間リッチになるために有効な場合もあるのです。

いずれにせよ、読書を通じて、将来役に立つかもしれない知識を定期的に自分のなかに蓄積させていくことで、自分の狭い知識や経験だけでなく、世界中の人々の幅広い知識や経験を、自分のものにすることができます。そうした情報を参考にすることで、自分の将来の時間の使い方の選択が増えていくのです。

毎日の仕事やプライベートの雑事に追われていては、こうした未来への投資をすることはできません。2割が難しければ、1割でもいいから、そのような投資の時間を作ってあげることが大切です。また、読書という行為は、極めて能動的な行為です。この点については改めて、後述したいと思います。

『7つの習慣』に学ぶ時間の投資法

スティーブン・R・コヴィー博士の『7つの習慣』という有名な本があります。現在では、ビジネスパーソンにとって、もはや読んでいて当たり前の、古典的な必読書となっていると言えます。しかし、そんな必読書も、実際に自分の行動に活かせなければ意味がありません。

同書では、「主体的である」ことなどを含め、成功するための7つの習慣が記されていますが、そのなかでも多くの人が実践しづらい習慣はどれか、コヴィー博士らはアンケート調査を行ったそうです。その結果、3番目の習慣である「最優先事項を優先する」ということが、もっとも多くの人が苦手と考えていることがわかりました。つまり、多くの人が、時間の使い方に悩んでいるということなのです。

逆に言えば、優先順位の高い順に、時間を投資するという習慣さえあれば、『7つの習慣』のなかでももっとも難易度の高い第3の習慣を、自分のものにすることができるというわけです。

そのためには、先ほどお話ししたように、ドルコスト平均法的な発想が役立ちます。すなわち、1日のうち2割でよいから、緊急ではないけれども、自分にとって重要だと思う優先すべきことに使うようにするのです。

この時間を投資する感覚さえつかめれば、「最優先事項を優先する」という習慣は、そこまで難しいものではありません。

たとえば、日々の食事を例にとってみましょう。私たちの人生において健康というのは、日々のパフォーマンスを高く保つ上でも、大変に重要な事柄だと思います。何にも増して、健康でいることは優先すべき「最優先事項」であると言えるのではないでしょうか。その観点から、食事とそれに費やす時間について考えてみましょう。

食事をとるとき、たとえばその辺のコンビニエンスストアで弁当や惣菜を買って食べるというのが、もっとも手軽で、手っ取り早いということになるでしょう。時間的にも、それは一見すると最も効率的に見えるかもしれません。しかし、健康という人生の長期的な視座に立ってみると、効率的とは言い難いものになるのです。

つまり、コンビニ弁当は基本的に糖質・脂質が高く、タンパク質やビタミンといった健康的な生活を送るためには欠かせない成分が少ないのです。たまにならまだしも、毎日、そのような食事をしていれば、残念ながら早晩、健康を害してしまうでしょう。健康であることが「最優先事項」であるならば、手っ取り早くコンビニ弁当で済ますという習慣は、最も避けなければならない行動と言えます。

そして、この最優先事項を優先するという習慣に従うならば、私たちは、可能な限り自分の足で歩き、スーパーマーケットなどで生鮮食品を買い、自分の手で調理して、温かくて美味しい、栄養バランスが整っている食事をするということが求められるでしょう。そのために、1日のうちの2割の時間を投資することができるならば、それはまさに時間割引率の低い行動であり、やはり将来の時間を増やすことにつながる行為と言えるのです。

栄養満点の手作りの食事を日々摂取するという、最優先事項を優先するためには、1日の時間のうち、投資に充てられる時間を持つという余裕がなければなりません。しかし、それは無駄な時間ではないのです。

仮にコンビニ弁当なら15分で済むところを、手作りの弁当にすることで調理時間を含めて30分以上かかったとします。その人は15分の時間を損したことになるのでしょうか。いま現在の時間を惜しむならばそうでしょう。しかし、もっと中長期的に見て、最優先事項である健康という観点からすれば、それは時間割引率の高い、非効率な行為になるのです。

たとえコンビニ弁当を買って食べるよりも、15分以上多く時間がかかったとしても、栄養満点の手作り弁当を食べるということは、15分の時間を将来のために投資に使ったということになります。

その15分の投資の繰り返しは、将来において、15分以上の、自由な時間をあなたにリターンしてくれるのです。それは決して、浪費ではありません。

睡眠時間は必ず7～8時間は確保する

これは食事だけでなく、睡眠時間についても言えることでしょう。私は毎日8時間を睡眠のために充てるようにしています。どんなに忙しくとも、日々のスケジュールに必ず十分な睡眠時間を確保することを優先しています。最低でも7～8時間はきちんと睡眠時間を確保することが大切です。

なぜならば、睡眠時間を削れば削るほど、起きている時間のパフォーマンスは低下する傾向にあるからです。時間がないからと言って、睡眠時間を削ってまで仕事や趣味を行うことは、むしろ日々の時間を無駄に使っていることになるのです。

また睡眠の質も大切です。

私はスマートウォッチを使って、睡眠を管理することを心がけています。基本的にはＨＵＡＷＥＩのアプリを使っていますが、その評価のうち、１００点満点中80点以上になるかどうかを基準としています。

80点以上は、HUAWEIのユーザー全体の統計では、上位15パーセントほどで、非常に優等生だということになります。これが90点以上になると、上位1パーセントくらいになります。

1日のうち、この8時間の充実した睡眠時間があるからこそ、残りの起きている16時間が万全の体調で活動できるのです。そのように考えて、8時間の睡眠を高い優先順位に置くのです。

また、8時間の睡眠時間を確保することは、私たちの健康寿命を延ばすことにもつながりますから、将来の時間の投資にもなるわけです。

もちろん、私自身、睡眠時間をちゃんととろうと思って始めた頃は、ここまで睡眠の質はよくありませんでした。しかし、HUAWEIなどスマートウォッチのアプリのおかげで、睡眠の質を数字化し、可視化したことで、具体的に改善のための行動をとることができたことが大きかったのだろうと思います。

時間管理を行い、寝具をよいものに替えたり、寝室の湿度や温度の管理を徹底したりするなど、コツコツと試行錯誤を繰り返すことで、結果的に睡眠スコアを改善することができたのです。

ただ十分な睡眠時間を確保するだけでなく、このようにその質を改善するために時間を費やすことも、もちろん、将来のための時間の投資になるのです。

運動を複利計算で考える

食事、睡眠ときて、次に運動についても投資の観点から考えてみましょう。先にも述べたように、運動は健康の改善・維持につながり、時間割引率の低い未来への投資とも言える行動だと思います。

私は普段の生活のなかで、毎日、1万歩以上を歩くことを基本にしています。わざわざジョギングやウォーキングの時間を作ることなく、1万歩を歩けるようにするのです。そのためには、特に都内にいる際は公共交通機関しか使わないというのが、重要なポイントになります。駅までの道のりを歩いたりすれば、1日1万歩というのは無理なく達成できると思います。

つまり、運動というと、ついスポーツジムに通いトレッドミルを使ったり、あるいは運動のためだけの時間を作って、15分なり30分なりジョギングをしたり、ウォーキングをしたりするようなことを考えてしまいがちです。しかし、そもそも、運動だけのために時間を割くというのは、実は現代の都市生活者特有の行動なのではないかと思うのです。

これが狩猟採集を生業とする社会では、わざわざ運動の時間を作らなくても、食料を得るための行動が即運動に結びついていますから、健康に必要な運動量は自然とまかなえていることになるのです。ですから、都市生活者である私たちも、普段の生活のなかで勝手に運動ができているというような状態に持っていくのが、時間効率的にも望ましいのではないかと思います。

これまで「1日の時間のうち2割を投資に充てる」と述べてきましたが、今日1日の生活を今日だけのために使ってしまうのは、まさに「その日暮らし」な生活です。当然ながら、その日その日のことしか考えないわけですから、そんな生活を送っていれば、将来的にどんどん生活が苦しくなってしまうでしょう。

重要なのは、今日という日もまた、過去の積み重ねのうえにできあがっているのだということを意識することです。つまり、過去のある日に投資した時間の積み重ねによる配当が、今日という時間なのです。

いま、健康的な体重よりも太っていて、メタボリックシンドロームで、糖尿病予備軍だという人は、やはり過去の日々の習慣の積み重ねが、今日のその健康状態を作ったと言えるでしょう。

時間を投資する感覚を身につけるというのは、このように今日1日を過去にも未来にもつなげて考える癖をつけるということなのです。

この運動というものは、あたかも複利のように効いてくるたぐいのものです。続けていればいるほど、効果が倍増すると言っても過言ではありません。毎日1万歩ずつ歩いていれば、やがて体力がついてきて、10分や15分の道のりを歩いてもまったく苦ではなくなります。

めったに歩かない人がそれだけの道のりを急に歩こうとしても、すぐに息が上がり、疲れてしまうでしょう。しかし、日常的に歩いている人にとっては、楽々と歩けるわけで、その分、効率がよくなっていることが実感できるでしょう。これがまさに時間割引率の低い行動の効果であり、時間の投資の配当の成果なのです。

言い換えれば、これは時間というものが複利で増えていくことの証左だと思います。将来の時間のために投資すれば、その分だけ、複利的に時間の効率化が増していきます。まったく投資せずに目の前のことだけを優先して生きてきた人に比べれば、将来のある時点では、時間を効率的に使うという技術において、大きな差が生まれていることになるのです。

そして、それはただ単に時間を効率的に使うということだけに限定されず、自由な時間を増やすことにつながり、その分だけ幸福度においても、大きな差が生まれることを意味しています。

健康でいることが時間投資にも重要

さて、これまで述べてきたことでかなりおわかりいただけたのではないかと思うのですが、限りある時間を有効に使うということにおいても、健康であることが非常に重要なのです。それは私たちにとって、お金以上に大切な資産であるとイメージすることもできるでしょう。

健康という資産があるからこそ、それによる配当として私たちは日々の生活を、活力を持って生きることができます。仕事も趣味も、健康であればこそ、満足に行うことができるのです。

食事も睡眠も運動も健康を維持することに役立ちますが、そのいずれかが不足していては、やがて大きな疾病を引き起こし、健康を損なってしまいます。健康でいることが活力の源なのだということを十分に理解することが大事です。

健康であれば2、3時間で終わるような仕事が、不健康な状態だと5時間も8時間もかかってしまうことがあるのです。

逆に言えば、健康であれば、3～5時間ほど時間が浮き、これを時間の投資に回すことができます。将来の健康のために、運動や質の高い睡眠、食事の準備のための時間に充てることができるのです。それがまた、将来の仕事や生活の効率というさらなる配当を生むことになるわけです。

つまり健康であることに適度に時間を費やすならば、それは将来の自由な時間を生み出すことにつながり、好循環のなかで生活を積み重ねることができるのです。

何のために仕事をするのかをよく考える

FIREの是非

先述したように、近年ではFIREを目指すことを重視する人が増えているようです。若いうちに1億円以上のお金を貯めて、その後の人生を働かなくてもよいようにするという早期リタイアを目指すことを人生の目的にしているわけです。

しかし、勘違いしてはいけないのは、FIREというのは、厳密には働くことからの離脱を目指す生き方ではありません。実は、お金を稼ぐことだけを目的にした仕事から脱出することが、FIREの一番の目標なのです。

今後、暮らしていくのに十分な生活費があれば、何もお金を稼ぐためだけに仕事をする必要はなくなります。もっと自由に仕事というものを考えることができるようになるのです。つまり、お金や稼ぎにとらわれることなく、自分の将来に必要だと思えるようなことに、仕事の中身をデザインすることができるようになります。

ＦＩＲＥによって、お金の縛りから逃れることができるならば、仕事の自由度が一気に増すわけです。

言い換えれば、ＦＩＲＥを達成し、早期リタイアしたからといって、まったく仕事をしないというのは、むしろ人生のクオリティを下げてしまうのではないかと思います。

日本では60～65歳で定年というのが当たり前ですが、世界ではむしろ例外です。海外では定年という発想がそもそもありません。むしろ、歳を取っても、自分ができる範囲で仕事を続けることのほうが、常識的なのです。

これからの時代、人生１００年、１２０年が当たり前の、超高齢化社会がすぐ目の前にやってきています。60～65歳という年齢は人生の折り返し地点に過ぎません。その時点で、これまでの人生のうち3分の1の時間を費やしてきた仕事という時間を放棄してしまうほうが、むしろ問題なのではないでしょうか。その後の40～60年を考えると、あまりにももったいないでしょう。

仕事を辞めることを考えるよりも、自分が心からやりたい仕事を、自分のペースでできるようになるにはどうすればよいのか、そのようなイメージを思い描きながら、人生設計を行ってはいかがでしょうか。

つまり、60代、70代でどんな仕事をやりたいかということを考えて、30代、40代、50代の仕事を設計しておくのです。

そして、当然ながらそのためには健康な身体と明晰な頭脳というのが必須になります。先述したようにお酒をダラダラと飲むなど、時間割引率の高い行為をして、健康を損なっている暇はないということになります。

仕事の効率も複利でどんどん積み上がっていきます。つまり、20代ではうまくできなかったことも、歳を取るとともに熟練して、50代、60代になればその半分以下の時間でできるようになるということです。

仕事の時間の使い方についても、よりスキル・ビルディングできれば、もっと時間を有意義に使えるようになるでしょう。

そのようなイメージを持って、毎日の仕事の時間を、将来に対して投資する意識で行うことも、非常に大切なことだと思います。

さまざまなテックを活用する

また、自分のスキルを高めるだけでなく、発展の著しい科学技術の恩恵をフルに活用することも大事でしょう。

私はここ3年ほど、自分の書籍やメールマガジンなどの原稿は、ほぼすべてWindowsやGoogleの音声入力を使って記述しています。なぜかと言えば、手書きはもちろんのこと、タイピングするよりもずっと楽に早く書くことができ、そのうえ、的確な文章を書くことができるからです。

音声入力については、かれこれ10年くらい、試行錯誤を続けてきました。その結果、ここ3年くらいで仕事への実用化がうまくいくようになったと実感しています。つまり、10年前からさまざまな音声入力ソフトやサービスの導入に、自分の時間を投資してきたのです。

新しいテックが登場したらすぐにそれを試して、自分の仕事の形態に合ったものに改良を繰り返してきました。その結果、ここ3年くらいでこれまでのトライ・アンド・

エラーが実を結んで、ようやく実用レベルになり、いまでは非常に効率よく仕事ができるようになりました。

音声入力を導入する以前であれば、4000文字の原稿を書くのに、だいたい2〜3時間かかっていたのですが、現在では1時間くらいで終わるようになりました。

それこそ10〜20代の頃には音声入力なんていうテックは存在しませんでしたので、文章を早く効率よく書くために、タイピングの方法を改良して、かな漢字変換のための親指シフトのような入力方法を導入するなど、さまざまな試行錯誤を行っていたのです。

その積み重ねが、いまでも新しいテックが登場したら、まず試してみるというような積極性となって生きていると自負しています。新しいテックを組み合わせて、旧来の方法と新しい方法のどちらが効率的か、いつも検証する癖がついているのです。

その結果として、仕事の効率化が進み、新たに自由な時間が生み出されるというわけです。つまり、時間の投資においても、若い頃からの継続的な投資が大切なのです。

最近では、OSはWindows11を使っているのですが、標準入力として備わっている音声入力を活用しています。ただ、PCに標準装備されたマイクでは、どうしても私の口とPCのマイクとの間に空間的な距離があるため、正確な音声入力ができませんでした。

そのため、仕事の効率化を図るということは、仕事の正確性を高めることでもありますから、外付けのマイクを各種、購入していろいろと試してみました。

さまざまな試行錯誤の末、この原稿を書いている2022年冬現在では、高性能の会議用の集音マイクをUSBケーブルでPCとつないで活用する、という方法に落ち着きました。ここまで辿り着くためには、さまざまなトライ・アンド・エラーがありましたし、それこそ多くのソフトウェアを試してきたので、それなりの投資をしたことになります。その積み重ねの上に、いま現在の効率のよい時間の使い方があるのだと心得てください。

私自身の仕事が文筆業であるために、ここではたまたま音声入力ソフトの例を出しましたが、自分が最も時間を使っているものに対して、どうすればより正確でよりよいパフォーマンスを、もっと短時間で発揮できるかということを、常に考えることが重要になります。

そのようにアンテナを張っていると、さまざまなところから的確な情報が舞い込んでくるのです。また自分でネット検索をしているときでも、関連の記事が目につくようになります。それらを活用して、また自分の時間をうまく投資できるようにしていくわけです。

うまく時間を投資できるようになると、その分、普段の生活のなかでより、自由な時間が生まれてきますから、さらにその時間を再投資に回すことができます。

私が日々、実践している時間投資術

仕事道具は、効率化のために厳選する

前節では、私が仕事のうえで活用しているテックを簡単に紹介しましたが、具体的な投資術として、仕事で使う道具や機器も、より効率化できるものを厳選することをお勧めします。そのための経費は、時間に対する投資であると考えてください。

たとえば、私は普段、原稿を書く際にはゲーミングＰＣ（ゲーム用のＰＣ）を使うようにしています。なぜかというと、普通のＰＣに比べてゲーミングＰＣの液晶ディスプレイのほうがきれいでみやすく、処理スピードも速いからです。通常のＰＣよりもきびきびと動いて、レスポンスも速いのです。

　また私は音声入力ソフトを主に使っているため、音声入力用のマイクも、先ほど述べたAndroidのスマートフォンの他に、それこそYouTuberがゲーム実況などで使うような高性能のものを使ったりもしています。

　またキーボードはＨＨＫＢ（Happy Hacking Keyboard）という、キーの配列が非常に合理的で高速タイピングに適した設計のものを使用しています。これもキーボードだけで3万円ほどもするような代物です。

　それだけで素早く入力することができるようになりますが、さらに自分なりに改良も加えています。親指シフト用に３Ｄプリンターでキーを作って、入れ替えているのです。

　仕事をするときは、可能な限りストレスを減らして気持ちよくやりたいものです。そのために、これくらい仕事の道具にこだわるのは、私にとって当然のことなのです。

　そのような試行錯誤は、時間とお金の無駄遣いではないかと思う人もいるかと思います。しかし、それはあくまでもリターンのある投資なのです。

　こうした試行錯誤の結果、いまでは1日の仕事はかつてよりも相当早く正確に終わるようになりました。そして、余った時間を自分の自由な時間にすることができていなりません。

ます。それはまさしく、これまでの設備投資や準備にお金や時間を割いたおかげに他

最新家電を活用して時短に！

効率化のためにお金も時間もちゃんと投資するというのは、何も仕事や仕事のため
の道具への投資だけに限りません。普段の生活のなかで毎日行っていること、たとえ
ば家事においてもまったく同じことが言えます。

栄養の偏ったコンビニ弁当ではなく、しっかりと手作りで栄養満点の料理を毎日食
べることが、時間割引率の低い行為であり、健康状態を維持して、将来の時間への投
資になると本章ではお話ししました。しかし、どうしても自炊をするのはコンビニ弁
当を買って食べることよりも、手間も暇もかかります。

ついついいま現在の時間を惜しむあまりに、結局、お手軽ですぐにお腹が膨らむ、
糖質と脂質の多い外食に手を出してしまいがちになります。

ここに発想の転換が必要になります。つまり、たとえ自炊であっても、手間も暇も
かからず、さらに食べて美味しい料理が作れれば、無理に外食をする必要もなくなる

のです。そのために何が必要かというと、やはりこだわるべきは、家電製品だと思います。

私は、シャープから出ている「ホットクック」という自動調理器を愛用しています。さまざまなメニューがあるのですが、具材を入れてスイッチを押すだけで自動的に、味噌汁やカレー、煮物や炒め物などさまざまな料理を作ることができる優れものです。鍋やフライパンにつきっきりで、火加減をいちいち調整しなくても、テックをうまく活用すれば、簡単に美味しい料理ができてしまうのです。

これに加えて、加熱水蒸気調理をお手軽にできる、同じくシャープから発売されている「ヘルシオウォーターオーブン」も愛用しています。いわゆるスチームコンベクションオーブンと言われる機器は、水蒸気と熱風の組み合わせによって、加熱処理を行える優れもので、油を使わないので非常にヘルシーに調理ができるのも、ひとつのポイントとなっています。また、ホットクックと同様に、人がそばに張りついていなくても、食材を適温で蒸したり、焼いたりなどの調理ができるのです。

また、ただ料理するだけでなく、調理後の片付けも、ホットクックやヘルシオウォーターオーブンはお手軽です。ホットクックは、内鍋を除いて、食洗機で洗うことができますので、内鍋を軽く洗えばＯＫです。ヘルシオウォーターオーブンの手入れは、自分でトレイや庫内を洗うクリーニングモードがあるので、それを活用すれば、あとは庫内を少し拭くだけで、通常のガス台よりもずっと手間がかかりません。食洗機の活用は使った調理器具や食器などを一度に済ませることができますから、とても重宝します。

手軽にできるからこそ、日々の料理が楽しくなりますし、美味しいから続けて食べられます。美味しいから続けられるというのが一番だと思います。下手な外食よりも、誰でも簡単に美味しく調理ができるのです。

料理が楽しくなったら、それを趣味にしてしまうのもいいでしょう。街の料理教室に通ってみたり、出汁の指導を受けるだけでも、普段の料理がまったく変わります。料理本やレシピ本は無数にありますから、それらを参考にして日々、実験を繰り返すのも、楽しい時間ではないでしょうか。短い時間でどれだけ美味しいものを作ることができるか、私も日々、研究を続けています。

最新機器の購入は時間への投資である

このような最新家電・最新機器を駆使した料理については、拙著『増補改訂版　勝間式食事ハック』（宝島社）のなかで、詳細に説明しましたので、ぜひそちらも参考にしていただけたらと思います。

とにかく、ここで言いたいのは、いま現在の時間やお金を投資することで、将来、どんな配当を得られるのかを考えて行動するということなのです。最新家電・最新機器を購入して実際に使い、時短に役立てるということは、未来への投資です。お手軽に自炊が続けられるならば、外食という時間割引率の高い行為からの解放を意味しています。将来の健康に投資をしたことになるのです。

そうやって未来の投資をした結果、私たちはいま現在の便利な生活があるのではないでしょうか。過去において投資した最新家電・最新機器の配当の結果、いま現在の暮らしが楽になっており、その連続の先に、未来の幸福が待っている。そのようなイメージを強く持ってください。

そうすれば、最新家電・最新機器の存在を知らなかったときの２分の１〜３分の１

の時間で、仕事も家事も終えることができるのです。そうして余った時間を、さらに未来の時間のために投資に回すことができます。そうやって、未来へ投資し続けるのです。

結局は、このような未来への投資の感覚を、お金においても、時間においても持つことができるかが、キャッシュリッチ、時間リッチな人になるための重要なポイントになります。

現在というのは過去からの投資による配当によって成り立っている。そしていま現在の時間を未来に投資することで、未来において来るべきいま現在が、より自由に潤うことになるのです。その積み重ね、繰り返しのなかで、私たちはキャッシュリッチになり、時間リッチになることができます。

まさにこれが、本書でみなさんにお教えしたい時間投資、タイムパフォーマンスを上げる哲学のすべてと言っても過言ではないのです。

次章ではよりこの時間投資の哲学の基礎となる、時間に対する考え方、つまりタイムパフォーマンスをもっと意識することの重要性についてお話ししたいと思います。

第2章

タイムパフォーマンスを意識する

「コスパ」よりも「タイパ」を重視せよ！

お金の浪費だけでなく、時間の浪費も大問題

コストパフォーマンスよりもタイムパフォーマンスを意識する。あるいは優先する。

「コスパ」よりも「タイパ」。

これが、本書の最も重要なキーワードになります。

なぜならば、先述したように、お金は人から借りて増やすことができますが、時間は人から借りることはできないからです。自分の持ち時間を他人から借りて増やすなんていうことは、物理上、不可能です。また私たちが持っているお金は仕事をしたり、投資したりすることで増やすことができますが、私たちの持ち時間は有限です。人間

もまた生物である以上、必ず最後には死という終わりが待っています。私たちの人生の持ち時間は、生まれた瞬間からどんどん減っていく運命にあるのです。

だからこそ、お金よりも時間のほうが大事なのです。コストパフォーマンスを意識することよりも、タイムパフォーマンスを意識することのほうが、5倍も10倍もずっと重要なのです。

ところが、現実には、意外とこのタイムパフォーマンスを意識していない人が多いのではないかと思います。暇つぶしにテレビをだらだらと観たり、惰性でネットサーフィンなんかをしたりして、意味もなく時間を浪費してしまっているのです。

いま、いつも「時間がない」「忙しい」というのが口癖の人の多くは、実は余暇と称して、そうした時間の使い方をしている人が多いというのが、現状なのではないでしょうか。そのくせ、なぜか、お金を浪費することは問題にして、時間を浪費することには無頓着。そういう人が多いことに、とにかく私は驚いてしまいます。

もしこれがお金の場合であれば、日々、5000円とか1万円を何をするでもなく、ただ垂れ流すように使ってしまっているような状態です。

繰り返しますが、お金は増やすことができますから、100歩譲って、たとえそうした浪費をしたとしても、後から取り返すことも可能でしょう。しかし、時間はそうではないのです。一度浪費した時間はもう戻ってきません。それは、私たち人間が、寿命のある生物である以上、生まれた瞬間から背負わなければならない運命なのです。

それにもかかわらず、時間をそんなふうに受動的にダラダラと、ただ浪費するというのは、あまりにも大きな損失だということを、本章ではさらに意識してもらいたいと思います。

余命を日数で換算してみる

なぜ、こうも私たちはいま現在の時間を、簡単に無駄遣いしてしまうのでしょうか。それは、いま現在を生きている私たちにとって、人生全体の時間がどれくらいあるのか、もっと言ってしまえばそれが有限かどうか、なかなかわかりづらいというところにあるのではないでしょうか。

若い頃ならば、まだ身体も元気ですし、未来は無限に広がって見えることでしょう。1週間先に何をしているかなんて考えることすら、なかなか難しいのではないでしょうか。ましてや5年、10年先をイメージしながら、毎日の生活を設計するなんて、考えたこともない人が多いのかもしれません。

あるいは、たとえば近親者の死などに接したとき、一時的にではあれ、人生の終わりについて思いを巡らせたことが、若い人のなかにもあるかもしれません。あるいは、もっと年老いてから大きな病気をしたときなどには、もうすぐ自分の人生の時間も使い切ってしまうのではないかと心配になります。しかし、60歳や70歳を過ぎてから、人生の持ち時間について思いを馳せてしまっては遅いのです。

できるならば、10代くらいの若いうちから、人生の残り時間について、きちんと意識してもらいたいと思います。つまり、一度、徹底してほしいのは、必ず自分の余命を、もっと具体的に想定してみることなのです。

そのとき重要なのは、お金と同じく、数字で可視化してみることでしょう。私たちは銀行の通帳やネットバンクの残高を見て、自分が自由に使える資産額を常に意識することができます。ですから、大体の平均寿命から考えて、自分の残りの時間をもっと具体的な数字で、計算して明確に可視化してみるのです。

より具体的に言えば、1年を52週と考えるところから始めるといいでしょう。たとえば私の場合は、いま現在54歳です。仮にいま、人生１００年時代と言われていますから、100歳まで生きることを想定しましょう。100年引く54年ですから、46年ということになります。そして1年が52週間ですから、46に52を掛けると、2392週。つまり、私の残りの時間は、暫定として約2400週になるというわけです。

そう考えると、これから生きる1週間は、2400分の1になるのだということが、イメージできるでしょう。

もっと具体化するならば、今度は日数に換算してみましょう。1週間は7日間ですから、2400に7を掛ければ1万6800日、つまり大体1万7000日くらいだということになります。自分はあと1万7000日しか生きられないのか、今日という1日は、その1万7000分の1なんだ、と考えるとなんだか、安易に浪費することが怖くならないでしょうか。生きれば生きるほど、この数字はどんどん減っていきます。だからこそ、1日1日を本当に大切にしなければならないという気になるのではないでしょうか。

それでも、時間を惜しむ気持ちにはならないという人は、残りの寿命をお金に換算して考えてみてください。私の場合、残りの1万7000日の寿命を、1億7000

万円だということにしましょう。そうなると、毎日1万円ずつを使っている計算になり、1億7000万円を使い切ったときに亡くなってしまうのです。

人の一生は有限ですから、この財産は減る一方です。毎日1万円ずつ支払われていくわけですから、ただでさえ減っていく寿命を浪費してはもったいないということになるでしょう。たとえば不摂生な生活を送って、将来の健康を犠牲にし、寿命を短くするということは、それこそ、時間というお金を浪費したことになります。極端な例ですが、お酒を大量に飲んだとするならば、その日だけで1万円どころか、5万円も10万円も人生の時間を損してしまった、ということになるのかもしれないのです。

1週間で7万円、1カ月で31万円と、日数をお金に換算してみると、月々に払う金額はなかなか大きな額になるのが、よくわかるでしょう。ひと月を無為に暮らせば、私にとっては残り1億7000万円しか持っていないわけですから、30万円の無駄遣いはなかなか手痛いところです。

このように、自分の有限な寿命をある程度可視化して考えてみることは、それだけで時間の無駄遣いを抑制する働きがあるように思います。

自分の頭のなかで計算して意識するということが苦手な人は、スマートフォンのアプリに、自分の残りの人生を計算する「人生時計」的な機能のサービスを提供するものもあります。それを自分のスマホのアプリに入れて、毎日、自分の「人生時計」を眺めて、時間の大切さを意識するというのはいかがでしょうか。

そういうことを続けていくうちに、残りの時間を意識することが習慣化し、自然とできるようになるのではないかと思います。

時間も複利計算で考える

前章では、時間を投資的な視点で見ることの重要性をお話ししました。それと同時に、時間を投資することで得られる報酬・配当というのは複利で増えていくものであるとも語りました。

ということはつまり、タイムパフォーマンスがよい人と、タイムパフォーマンスが悪い人の間では、複利的にその差がどんどん開いていくということを意味しています。

当然ながら、日々、上手に時間を使っている人は、時間に対して投資していることになりますから、その分だけどんどん複利的にタイパがよくなっていくのです。

反対に、時間の使い方が下手な人は、歳を取るにつれて、老化や健康状態の悪化、金銭的な不足など、さまざまな要因に対処することができずに、さらに時間をうまく使えなくなってしまうのです。

時間の使い方がうまい人は、どんどん時間の使い方を上達させることができる一方で、時間の使い方が下手な人は、何かしらの改善をしない限り、どんどん時間が足りなくなり、終わらないタスクに引っ張られて、さらに時間の使い方が下手になっていくという悪循環に陥ってしまうのです。

複利ということはつまり、時間が積み重なれば重なるほど増えていくわけですから、歳を取れば取るほど時間の使い方については差が開いていく、ということになります。10代や20代の頃はさほどでもなかった差が、40代、50代となるともう手遅れなほどに差が開いてしまっているのです。

年齢を重ねれば重ねるほど、お金が貯まる人とそうでない人が分かれることは目に見えてわかることですが、これはタイムパフォーマンスについても言えます。歳を取れば取るほど、時間を上手に使える人とそうでない人がもっと明確に分かれていくのです。

時間を上手に使えない人は、結果的に早くに健康を害し、寿命が短くなる傾向があるとも言い換えられるでしょう。また、たとえ同じ寿命だったとしても、時間を上手に使える人はタイパがいいわけですから、同じ時間でもその人がやっていることの成果は何倍にもなっているのです。つまり、その分だけ、時間の使い方が下手な人は、自分の持ち時間を無駄遣いしてしまっている、ということになります。

そう考えると、毎日の生活のなかで、自分のやりたくないことに時間を使ったり、あるいはなんの考えもなしに受動的に時間をただ浪費したりしているなどというのは、正直に言って、愚の骨頂でしかありません。

意に沿わぬ仕事を、生活を維持するために我慢してやっているという人が、この社会になんと多いことか、と驚いてしまいます。若いうちは何事も勉強ですし、体力もありますから、それでよかったのかもしれません。複利的に言えば、まだ差が出にくい時期だとも言えます。しかし、それこそ40代、50代と年齢がいってからも、まだ生活のためにやりたくない仕事をやり続けているというのは、明らかに人生のどこかで、タイパの設計を間違えたということになるでしょう。

寿命の無駄遣いを可視化する

1時間は6000円分の価値があると考える

40代、50代になったら、すでにタイパのよい人と悪い人では大きな開きがあると、前節ではお話ししました。しかし、だからと言って、40代や50代からタイパをよくしようとすることが、無駄な努力だというわけでは決してありません。仮に人生100年時代と考えるならば、これからようやく人生の折り返しがやってくるような年齢です。活動的でいられる期間はまだまだ残されているでしょう。

その意味では、いつやり直しをしても決して遅くはないとも言えるのです。これが人生100年時代の非常にポジティヴな点ではないでしょうか。医療や栄養状態の進展により、私たちはうまくやれば100歳は生きられるというような時代に生きているのです。人類史上、かつて経験したことのない超高齢化の時代を、活用しない手はありません。生き直すことはいつだってできます。この本を読んでいるこの瞬間から始めたとしても、決して手遅れではないのです。

とにかく、徹底的に時間の無駄遣い、言い換えれば寿命の無駄遣いをやめるという感覚が、タイパをよくするための習慣に「効く」と心得ましょう。

それでは、どうすればタイパをよくすることができるでしょうか。

やはりここでも、より可視化することで、もっと問題を具体化して考えることができるのではないかと思います。

つまり、あくまでもひとつのアイデアですが、まず自分の人生の時間の1時間あたり、どれだけの価値があるのかを決めて考えてみる、という方法です。いわばある種の時給のように、自分の人生の時間あたりの価値を可視化させるのです。

時給とは、1時間あたりの労働の価値をお金で可視化させたものですが、時間をお金と引き合わせて考えることで、いかに効率よく時間を使うか、習慣化させることができるでしょう。

もちろん、人それぞれの人生の時間は、ただ労働するだけではありませんから、いわゆる現代の日本社会における平均賃金にそろえる必要はまったくありません。

私自身は、1時間あたりの価値を最大で６０００円として考えています。そして、たとえば1時間のテレビ番組があるとして、それを視聴するのに６０００円使いたいと思えるかどうかで、自分の行動のタイパを判断していくのです。使いたくないと思ったときには、テレビを観ることに1時間を使うことはしないと決めています。

これは仕事をするときも、同じような理屈で考えることができます。たとえば自分がやりたくない仕事をしているとき、だいたい5時間くらいかかったとします。６０００円×5時間ですから、自分の人生の時間からすると3万円相当の支出をしているのとまったく同じになるわけです。3万円の出費となるとそれこそ、思い切って使おうとする、勇気のいる金額だと思いますが、しばしば多くの人が、自分がやりたくない仕事に、自分の時間という名のコストを費やしてしまっているのです。

やりたくないことに時間を費やすというのは、私はもはや人生の時間の無駄遣いなのではないかとも思ってしまいます。ましてや1日7～8時間、やりたくない仕事を続けているとしましょう。1カ月のうち20日出勤したとして、1日4・8万円×20日

＝96万円となり、ほぼ１００万円に近いコストを支払い続けていることになります。
当然、月収が１００万円の人というのはそうはいないでしょう。たとえ月収50万円の高収入の人間だったとしても、１００万円を差し引きすれば、50万円分も人生を損していることになるのです。

自分のやりたくない仕事をしたうえで、50万円も月に損をするのだったら、多少、給料が安くとも、自分のやりたい仕事に時間を費やしたほうが、人生の時間の使い方としてはよっぽどましなのではないかと思います。

タイパのいい仕事、タイパの悪い仕事

自分がやりたい仕事かやりたくない仕事か、よくわからないという人も、実は多いのではないかと思います。仕事というのは、生きていくための必要条件であって、やりたいかやりたくないかはあまり関係ないのではと考える人もなかにはいるのではないでしょうか。

私は基本的にタイムパフォーマンスのよい仕事というのは、自分の人生全体の時間に照らし合わせてみて、それだけの時間を費やしてもよいと思えるものだと考えてい

ます。もちろん、わずかな時間で多くの業績を上げられるというのも、タイパのよい働き方だと思いますが、それがその人にとって嫌で嫌でたまらないのであれば、やはりそれは時間の無駄遣いでしょう。

先に述べたように、私たちの寿命には限りがあります。それゆえに人生は有限であり、持ち時間はどんどん減っていくのです。だったら、やりたくないことに時間を費やしている暇はありません。自分のやりたい仕事をやって、そのうえで、より効率よくタスクを終わらせることが重要です。やりたい仕事ならば、いくらでもやりたいわけですから、そうしたときに初めて効率というものが意味を持ってくるのです。

さて、それでは各人にとって、どういう仕事がやりたくない仕事だと言えるかというと、私の目安としては、とにかく仕事をしている間じゅう、ずっと時計ばかり気にしてしまい、早く終わらないかなと考えているような仕事は、だいたいやりたくない仕事なのです。時間ばかり気にするということは、注意も散漫になり、なかなか仕事の時間が終わらないというふうに思っているような状態だと言えます。

これが逆に、自分のやりたい仕事だと、時間を気にしている暇さえないのです。スポーツ選手が、自分の精神と身体が一致して、なんでも思い通りに身体が動くというようなゾーンに入った状態になることがしばしばあります。心技体が充実しているからこそなせる状態ですが、仕事においても自分のやりたい仕事ならば、しばしばそういう状態になったりするものです。そうなると、いつの間にか時間が過ぎていて、たくさんのタスクを終わらせることができるということになります。私もこれまでさまざまな仕事をしてきましたが、自分がやりたいと思ってやっている仕事は、まさにそんな状態です。時間も忘れるというのは本当にあることなのです。ところが、やりたくない仕事だと時間が経つのも遅くて、なかなか捗らないのです。

たとえば、私は以前、よくテレビに出演していましたが、いまではほとんどやめてしまいました。実は、テレビに出演している間、ずっと考えていたのは、「ああ、あとどれくらいで収録は終わるのだろう」と、いつも時計を気にしていたのです。1時間の番組を収録するのに、少なくとも3時間ほどかかるのですが、その時間が苦痛で、ゆっくり過ぎていったのをよく覚えています。

それに比べると、現在、活動している自分のYouTubeのチャンネルの動画撮影や、自分の企画で実施するオンライン講演などは、びっくりするくらいあっという間に時間が過ぎて、すぐに終了となります。それくらい私自身が没頭できる時間なのです。

このように、タイパのよい仕事というのは、効率もそうなのですが、やはり何よりも自分が熱中して没入できるかどうかなのではないでしょうか。せっかく、人生の貴重な時間を日々費やしているわけですから、そのように熱中できることに投資してあげたほうが、幸福度も上がるのではないかと思うのです。

フロー状態になりやすい仕事はタイパもいい

さて、このように熱中して没入できる感覚というのは、心理学の分野では、「フロー状態」と呼ばれるものです。これはアメリカの心理学者ミハイ・チクセントミハイが提唱した概念で、時間を忘れるほどに完全に集中して、仕事やものなどの対象に没入してしまっている精神状態のことを指しています。

それこそ、楽しくゲームをしたり、スポーツをしたり、あるいは自分の好みの芝居や映画を観賞しているときなどは、2時間ほどであっても30分くらいしか経っていないような感覚になるものです。

スポーツや仕事など、明らかに自分の将来に対してもよい影響を与えるであろうことに専念し、かついま現在もそれに没入してフロー状態のような幸福感が得られるというのは、まさにこれ以上ない、最高のタイムパフォーマンスではないでしょうか。

もちろん、ゲームなどあまりに気持ちよすぎて依存症になってしまうことは、時間割引率の高い行為ですから、将来にとっても問題なのですが、未来のための投資になっている分には問題ありません。

普段の生活のなかで、ひとつでも多く、このような最高の時間の使い方を探していくこと。そのようなフロー体験を伴う、時間の投資を実行できること。これがよいタイパの本質なのではないかと思います。

「ああ、気持ちいい」

「ああ、幸せ」

そんな言葉がつい、自然と口をついて出るような瞬間。そんな時間を人生のなかにどんどん増やしていくのです。

言い換えれば、私たちに残された時間が有限であることを考えると、それ以外に時間を費やすことは、無駄遣い以外のなにものでもないのだということです。

時間割引率の高さを改善しよう

未来の時間を現在の楽しみのために犠牲にしない

前節の最後に、フロー状態というものを取り上げました。未来への投資になると同時に、いま現在の瞬間においても、フロー状態のような没入できる感覚で、日々の時間を過ごすことができれば、それは最高のタイムパフォーマンスだということです。しかし、たとえ、いまこの瞬間がフロー状態であっても、依存症のように、将来的には損となるような状態では、それはよいフロー状態とは言えません。

逆に、日々の運動習慣のなかでのフロー状態であれば、同時に将来の健康への投資になっているわけですから、もっともタイパのよい行動だと言えるでしょう。このように、第1章でも述べましたが、いま現在の時間と将来の時間とのトレードオフ（割引率）というものが、タイムパフォーマンスを考えるときにとても重要な考え方になるのです。

睡眠不足の弊害

時間割引率についてもっともわかりやすいのは、人間の三大欲求と言われるもののうちの2つ、つまり睡眠と食事が挙げられるでしょう。前章でも簡単に触れましたが、もう少し詳しく説明しましょう。

睡眠というのは、私たちの健康状態を心身ともに支えるものです。身体に関して言えば、睡眠は、さまざまな免疫機能を高め、老廃物を体外へ排出させ、成長ホルモンの分泌を促し、疲労などの回復を促進させる役割を果たしています。

また、脳内で作られるアミロイドベータと呼ばれるタンパク質を減らす働きもあるとされています。このアミロイドベータは、いわば脳のゴミのようなもので、これがうまく体外へ排出されずに脳に蓄積されると、神経細胞にまとわりつき、死滅させ、情報伝達がうまくいかなくなり、徐々に脳が萎縮して、アルツハイマー型認知症の原因にもなると考えられています。いわば、適切な睡眠は認知症の予防にもなるのです。
また、睡眠は、日中の覚醒している間に受けたさまざまな刺激や情報を中長期的な記憶として整理する働きもあります。

睡眠の偉大な働きをひとつひとつ挙げてみると、睡眠時間をしっかりと確保しておくことが、日々のパフォーマンスのためには必須であるということがよくわかるでしょう。また、認知症などのさまざまな疾患の予防にもなるという点では、将来のパフォーマンスにも大きく影響しています。

つまり、毎日、きちんと睡眠時間を確保するということは、いま現在の時間と将来の時間への投資のバランスがしっかりと取れた状態だと言えます。

ところが、いま現在の快楽を重視するあまり、ついつい夜更かしをしたり、夜遅くまで飲み会で遊んだりすると、満足な睡眠時間が得られなくなり、翌日の昼間の時間のパフォーマンスにも影響します。そのような短い睡眠時間が続けば、将来的な病気（糖尿病やがん、心疾患、認知症など）のリスクを高めてしまうのです。

これは将来の時間を、いま現在の時間の楽しみのために犠牲にしている状態です。
このような状態を、時間割引率が高い状態と呼ぶのです。

加工食品は実はタイパが悪い!?

睡眠と並んで、時間割引率が大きくものを言うのは、食事だと思います。前章では、私は自炊して栄養に偏りがないように心がけることについて語りましたが、現代においてはあまりに加工食品が氾濫し過ぎています。

加工食品を買って食べている分には、一見して時短にもなり、味も美味しいので、楽で、タイムパフォーマンス的にはよい行為なのではないかと思いがちです。ところが、時間割引率的に考えてみると、まったく真逆の行為なのです。

加工食品ばかり食べていると、基本的に塩分も糖分も過多になりがちです。また、さまざまな病気のリスクとなる飽和脂肪酸やトランス脂肪酸の摂り過ぎにもつながるのです。加工食品を摂れば摂るほど、結局、将来の疾患リスクを高めてしまい、結果的に寿命を縮めることになるでしょう。

いま現在においては、時短につながるかもしれませんが、人生全体で考えたときには、時間を犠牲にしていることになるのです。加工食品を食べるということは、いま現在の時間を、将来の時間に優先している行為であり、時間割引率の高い習慣になります。つまり、タイパの悪い行為なのです。

喫煙と飲酒の弊害

また、時間割引率の高い行動の典型として、喫煙と飲酒が挙げられます。

ニコチンやアルコールなどの人工的な生成物を摂取すれば、そのときその場のストレスを緩和させるなど、いま現在の楽しみを満たすことができます。しかし、将来的には呼吸器疾患や糖尿病、心疾患など、ありとあらゆる病気のリスクに結びついているのです。

しばしば人は仕事のストレスを和らげるために、喫煙をしたり、お酒を飲んだりします。その根本は、なかなかフロー状態に入ることができない、ストレスフルでやりたくない仕事をしているからなのですが、やりたい仕事や趣味をやっているときでもいつでもフロー状態になれるとは限りません。

それこそ、睡眠不足にならないように努めたり、体調管理をしたりするなどの心身のケアがなされてはじめて、フロー状態になれるのです。

ところが１箱５００円のタバコや、１本１３０円のアルコール飲料に手を出せば、フロー状態に似た多幸感を得ることが、一時的には可能です。世の中にはタバコやお酒の宣伝が溢れかえっていますし、日本ではかなり手軽に購入することもできますから、本当のフロー状態に辿り着く手前で、その罠に陥ってしまう人が多いのです。

喫煙も飲酒も睡眠不足と同じで、将来の時間を犠牲にしている行為に他ならず、時間割引率の高い行為だと言えます。いま現在の喫煙や飲酒という習慣が、将来的な自分のクオリティー・オブ・ライフを犠牲にしてしまうのです。

意識的に行動しないと時間割引率は高いまま!?

このように、しばしば私たちは、未来の時間への投資というような、長期的な目標を遂行することを苦手としています。これは多くの人間には、行動経済学で言うところの、「双曲割引」という特徴があるからです。

これは、心理学者のジョージ・エインズリーが提唱した理論で、端的に言えば、人間は目の前の楽しみを優先するような思考習慣が自然と身についてしまっていることを意味しています。

たとえば、次のような未来の報酬についての選択肢を例を考えてみましょう。

A　1年後に3万円もらえる
B　1年と1日後に3万1000円もらえる

いかがでしょうか。きっと多くの人が、Bを選ぶのではないでしょうか。では次のような選択肢ではどうでしょう。

A　いますぐに3万円もらえる
B　明日、3万1000円もらえる

どうでしょうか。Bを選ぶという人は、最初の質問に比べるとグッと低くなるのではないでしょうか。報酬を渡す期間を変えると、人の判断はガラッと変わってしまうのです。

エインズリーが提唱した「双曲割引」はまさにこのことを示しています。つまり、人間というのは、遠い将来については待つことができるけれども、近い将来は待つことができないのです。つまり、いま現在に近いことであればあるほど、優先してしまいがちだということになります。

言い換えれば、時間割引率の高い行為ほど、人間にとっては簡単にできてしまうのであり、将来の時間を優先する時間割引率の低い行為は、かなり意識的に訓練しなければ、なかなか習慣化するのは難しいということになります。

現代社会では、24時間営業のコンビニが至るところにあり、タバコもお酒も手軽に手にすることができます。その結果、ついついいま現在の楽しみを優先させ、時間割引率の高い習慣をたやすく続けられる環境が整ってしまっていると言えるでしょう。その結果、ニコチン依存症になったり、アルコール依存症になったりするほど、喫煙や飲酒ができてしまうのです。

このように現代においては、時間割引率の高い習慣の罠が至るところに存在します。この罠にとらわれることなく、いかにタイムマネジメントをして、時間割引率の高さを克服するかが、タイムパフォーマンスを高める鍵だと言えるでしょう。

私自身も日々、時間割引率が高くならないように、かなり気をつけているほうだと思います。意識していないと、読書などに夢中になり、すぐに睡眠時間が短くなってしまうほうですし、運動もサボってしまいがちです。

ですから、スマートウォッチを常に装着して、睡眠時間や毎日の歩数をきちんと可視化し、足りていない日が続かないように心がけています。

結局、人間は放っておけば、水のように、すぐに低きに流れてしまうのです。いま現在の快楽だけを優先し、未来の時間を犠牲にすることのないよう、意識的に気をつけていかなければなりません。

インスタントな幸福は人生全体の幸福ではない

もし、あなたが人生の自由な時間をもっと増やしたいと願うならば、いま現在は楽しいけれども、将来の健康リスクや金銭的なリスクを増やすような行為・習慣は、原則として、自分の人生から排除していくことを心がけなければなりません。

排除しなければならない行為・習慣の典型が、まさにここでお話ししたニコチンやアルコールなどの人工的に抽出された物質を摂取することなのです。こうした人工物は、即効性があり、いま現在という時間においては、それなりの幸福感をもたらしてくれます。しかし、繰り返しますが、それを続けた結果として、ニコチン依存症やアルコール依存症となり、健康を犠牲にしてしまうのです。それは、将来の自分の時間を犠牲にしているようなものなのです。

こうしたインスタントな快楽に味をしめてしまうと、やりたい仕事やスポーツ、趣味などから得られるフロー状態、達成感からくる幸福などを味わう気力もなくしてしまいます。

このようなインスタントな幸福を、つい人は頼りにしてしまうのはなぜかというと、これらの人工物は安価に入手できて、手軽に使うことができるからでしょう。

また先述したように、ストレスの発散に一定の効果をもつということも、人が喫煙や飲酒を習慣化させやすい要因と言えるでしょう。特に忙しく働いている現代人にとって、喫煙や飲酒は手軽に得られる活力剤のような効果があります。いま現在を生き生きとさせるには、手軽で安価な手段なのです。

その結果、本来ならばもっと建設的に使えたはずの時間を、ニコチンやアルコールによって消費されてしまうのです。そして、将来的には、自分が使えたはずの時間がもっと少なくなり、ますます余裕がなくなってしまうという悪循環に陥ってしまいます。

時間の浪費の悪循環を断ち切るために

それでは、どのようにすればこの悪循環から逃れることができるのでしょうか。

それは、ほんの少しずつでもよいのです。少しずつでよいから、いま現在の時間を、将来の時間のために投資していく発想を身につけ、それを習慣化していくのです。

先述したように、運動は未来の投資の典型的な習慣だと思います。毎日、少しずつでよいから運動する時間を設けることで、体力を養い、気力を充実させることができます。

喫煙や飲酒は、その場かぎりの快楽でしかありません。その場かぎりの幸福感を得ることを目標にするのではなく、もっと中長期的な幸福について考えられるようにしなければならないでしょう。毎日飲む習慣のある人は、少しずつ飲酒する時間を運動する時間に変えてみるのです。

アルコールはしばしば睡眠を浅くすると言われていますが、もし寝つきの悪い人は、お酒を飲むことを控えるだけで、改善されるかもしれません。そうなれば、一石二鳥でしょう。飲酒に使っていた時間を運動などの将来的な時間の投資に使える。禁酒したことで、睡眠の質の向上につながれば、その分、翌日の覚醒時のパフォーマンスは上がり、頭の回転もよくなって判断力も増す。また、将来的な健康リスクを下げることにもつながるでしょう。

睡眠の質の向上のためには、晩酌の代わりに、炭酸水やハーブティーなどを飲むようにすれば、よりリラックスすることもできるはずです。

時間割引率の改善については、自分ひとりの努力だけでなく、周囲の環境というのも、大きな役割を果たしています。飲酒や喫煙など時間割引率の高い習慣を持っている人に囲まれていれば、飲み会に誘われることも多いでしょう。その誘惑に負けて、つい深酒をし、その結果、運動する時間もなくなるというように、自らも時間割引率の高い行為ばかり繰り返してしまうのです。

しかし、将来のことをきちんと考えている「意識高い系」の人たちは、日々の時間を将来のための投資として使っています。仕事に役立つ資格や分野の勉強をしたり、運動を毎日の習慣にしたり、過度な飲酒を避けたりする人も多いのです。そういう人たちと付き合っていれば、飲み会に誘われることはまずないでしょうし、時間割引率の低い行為や習慣に関する有益な情報を交換することもできるでしょう。「意識高い系」というのは、ある種の揶揄（やゆ）として使われる言葉でもありますが、5年後、10年後というスパンで見たときに、どちらがより自由な時間を手にしているかは、一目瞭然のことだと思います。そういう人たちを揶揄するよりも、むしろ自らその輪に入っていったほうが、時間割引率的にはよい行動だと言えるのではないでしょうか。

タイムパフォーマンスを育てる暮らし

Z世代はタイパの価値をよくわかっている

未来の時間への投資という意味で、時間割引率の低い行動をするには、「意識高い系」の人たちを見習うべきだということを、前節の最後ではお話ししました。これは、より若い世代を見習うべきだとも言えるのではないかと、最近は考えています。

というのも、自分よりもずっと若い世代、つまりデジタル・ネイティヴな世代であるZ世代たちの行動をよく観察してみるとよいと思うのです。次世代というのは、旧世代よりも往々にして賢く、また上の世代を見て自分たちの行動をよく学んでもいますから、タイムパフォーマンスもコストパフォーマンスも非常によい行動をとっていることが多いのです。

Z世代に典型的なのは、喫煙と飲酒の習慣に対する忌避です。彼らは、喫煙というものが健康に悪いものだということをよくわかっていますし、かつてよりも飲酒を習慣にする人たちは、若い世代ではずっと減ってきています。また、YouTubeやTikTokなどネット上の動画を再生する際には、等倍速ではなく、1・5倍速から2倍速で観ることが当たり前にもなっています。逆に、倍速処理をして観賞するのが難しいテレビは、観なくなっているのです。これらは、優れたタイパ的な行動だと言えると思います。

「いまどきの若いもんは」というような昭和の化石のような常套句（じょうとうく）を使って、若者を遠ざけるのではなく、もっと若者から私たちは学ぶべきなのです。Z世代の人たちは、タイパ、コスパで考えることが、もはや習慣的に身についていると言えるかもしれません。新しいテックにいち早く触れ、それらを駆使することでより、タイパ、コスパのよい行動を実践しています。

そういう人たちの暮らしぶりをよく観察し、自分の生活に取り入れられることはないか、貪欲（どんよく）に知を求めることも、タイムパフォーマンスを育てる暮らし方のひとつだと思います。

移動は公共交通と徒歩

私が実際に行っているタイパのよい習慣はというと、都市部ではほとんど公共交通機関しか使わないということです。

忙しい現代人にとって運動だけをする時間を確保することはなかなか難しいものです。それならば、日々の暮らしのなかで、細切れでもよいから運動する習慣をつけてしまったほうがタイムパフォーマンスとしてはよいでしょう。

もちろん、その分、移動時間がかかってしまうというデメリットはあります。ですが、だからといって自家用車やタクシーを使うと、かえって運動不足になってしまうのです。

移動時間がかかるのに変わりないならば、その分、運動不足を解消できるように、公共交通機関を使ったほうがましだというのが私の考えです。

自家用車やタクシーならば確かに移動に便利で、足腰も楽でしょう。しかし、それが常態化すれば、結局、駅などでの階段の上り下りの運動をしないことになりますから、筋力の低下をもたらすことになります。つまりそれは時間割引率的には、いま現在の楽しさを優先して、将来の健康を犠牲にしてしまっていることになるのです。自分の足で毎日、歩かないということは、トータルの人生で考えるならば、マイナスになるのです。

このように常日頃から、時間割引率を考えながら、タイパによい習慣を身につけ、実践することを心がけましょう。

掃除の上手な人はコスパもタイパもいい理由

また、家がきれいに整理整頓されている人はお金が貯まるという言い方があります。あるいは、ゴミの出し方がきれいな家はお金が貯まるというような言い方もあります。

これは何もことわざとか格言の類ではなく、時間割引率的な考え方から説明することができます。

つまり、家がきれいに整っていて、ゴミの分別もちゃんとしており、ゴミの出し方もきれいだということは、それだけその家の人は、家の隅々に目を配れるような時間的な余裕を持って暮らしているということなのです。

いま現在の行為だけを最適化するだけではなく、将来の時間についてもきちんと考えて、効率よく日々の習慣を設計しているのです。ゴミは溜まってきたら特定の曜日に、分別して捨てなければならないのですから、ゴミが出た瞬間から捨てるときのことを見越して、そのときどきで分別したり、まとめておいたりするわけです。その瞬間の手間暇を惜しまないことが、将来の余裕につながります。それがわかっている家ほど、いつも部屋は整頓されていて、ゴミ出しの仕方もきれいなのです。

部屋が汚くなってから一気に大掃除して、きれいにしようというのでは、それだけ手間がかかります。日頃から少しずつ掃除をし、ゴミ出しのために分別をしておけるからこそ、掃除のための時間は結果的にわずかで済むのです。その積み重ねによって、その家には時間的な余裕が生まれます。

そのような時間をまた別の投資に使うこともできますし、こうした時間割引率的な発想は、ビジネスの場でも仕事をきちんと遂行する際には役に立つ思考法だと言えます。だからこそ、その家にはお金が貯まりやすいのです。

時間割引率を意識することは、時間にとってもお金にとってもいいことずくめなのだということを、よく肝に銘じていただけたらと思います。

時間の負債を一掃する

マメな怠け者になれ

時間に対する投資というのは、道具への投資も必要であることは、第1章で述べた通りです。発展の著しいさまざまな最新テックを活用することで、日常生活のありとあらゆることが時短につながります。

PCやスマートフォン、スマートウォッチ、調理家電や掃除用具、衣服に至るまで、こまめにチェックし、常に時間に対して最適化できるようにするといいでしょう。こまめに投資を続けていれば、仕事も生活もよりスムーズになっていくはずです。そのような投資は決して無駄遣いではありませんし、またそうした最新機器を調べて活用していく時間もまた、無駄遣いではありません。それこそ、まさに投資なのです。画面の割れたスマートフォンを使い続けている人は、お金が貯まりにくいとも言われますが、これは、最新のテックに対する無関心さを表しているからです。つまり、もっとタイムパフォーマンスに投資すべきなのに、それを怠っていることが、割れたスマートフォンには象徴されているのです。

私はよく、「マメな怠け者になれ」と言います。

これが何を表しているのかというと、将来を含めたトータル的な活動量・作業量というのは非常に小さくなって、最適化され、あたかも怠けているように見えるのだけれども、そのためにはいま現在の行動は逆にマメにしたほうがいい、ということなのです。

前節の最後にお話ししたように、きれいな家にはお金が貯まりやすいというのもそのような発想です。家のなかにちょっとしたゴミが発生したとき、それをどこかに一度保管しておいて、ゴミの日になったらそれを捨てていくとなれば、それだけでひと手間がかかってしまいます。しかし、マンションに住んでいる人であれば、24時間365日、マンション内のゴミ置き場に出すことができるはずです。自宅に保存したままにしないで、ゴミが生じた瞬間に、そのまま段ボールなら畳んでひとまとめにしてすぐに出してくるということをすればよいのです。そうすれば、一度、ゴミを家に保管しておいて、ゴミ出しの日にまた思い出して持っていくという、二度手間をしないで済みます。トータルで言えば、時間の節約になっているというわけです。

つまり、いま現在をこまめに動けるならば、将来的には楽ができる、怠けることができるということです。

人生から時間の負債を一掃しよう

「後でやればいい」と先延ばしにすることは、私は時間に対する負債でしかないと思っています。すぐに行動に移せるマメな人間は、こうした時間の負債がありませんから、将来的には自由に使える時間がたくさんあるということになるのです。

時間に余裕があるからこそ、いま現在においてマメであることができる。そして、いま現在、マメであると、将来的な時間の余裕を得ることができる。

時間の負債を一切、持たない人は、このような時間の好循環を生み出すことができます。家計が黒字であればあるほど、さらに資産を増やすことができるように、時間的な余裕というのも、こうした黒字的な好循環によって生まれるのだと言えます。
それではどうすれば、このような「後でやればいい」という先延ばしの思考を防ぐことができるかというと、やはり思考の習慣化が重要になります。

「これを先延ばしした場合にいつやるのだろう」
「これを先延ばしした場合に誰がやるのだろう」

何かやらなければならないことがあったとして、先延ばしにしたくなったときには、このように考えるといいでしょう。先延ばしにしてもいつかはやらなければならないときが来るわけですし、先延ばしにしたところで結局やらなければならないのは自分です。だったら、先延ばしにするのは、未来の自分の首を絞めることになるわけですから、得策ではありません。いまやってしまったほうが、その分だけ未来の時間への投資にもなるというわけです。

仕事にしても家事にしても、すぐに手をつければ終わってしまうことを、一回先延ばしすることで、またある時点でもう一度思い出したり、改めて準備をしたりするので、手間取ってしまうのです。そのうえで実行するわけですから、余計に時間がかかってしまいます。そのため、いちいち先延ばしにすると新たにまとまった時間が必要になってきます。

だったら、その場その瞬間に、先延ばしにせずに、少ない時間でもコツコツ進めて終わらせてしまったほうがずっと効率的でしょう。

そのように小さな時間のなかで、マメに必要なことを実行する習慣をつけておけば、将来に対する時間の負債が残ることがないのです。

お金の借金をなるべくしないように気をつける人はいると思いますが、時間の借金となると、全く無頓着な人が多いような気がします。

睡眠不足や、外食ばかりの栄養の偏った食生活、喫煙や飲酒といった習慣もまた、私から言わせれば、時間の負債を増やす行為に他なりません。本来やらなければならないことを先延ばしにしていることとほとんど同じだと思います。

あるいは、ショッピングをするときも、いちいち悩んだあげく、結局何も買わないまま帰ってきてしまうという人もいるでしょう。これも先延ばしの典型的な行為だと思います。

繰り返しますが、人生の時間は有限です。残りの日数を考えると、そこで悩んでいるうちに、本来であれば効率よく使えたはずの時間がどんどんなくなっていくわけですから、多少のお金については気にせず、早く決断したほうがよいのです。

タイパを意識した習慣作りをする

いかがでしたでしょうか。

本章では、タイムパフォーマンスを意識することこそが、人生においては最も大事なことなのだという基本的な原則に基づいて、日常のさまざまな行動に対する意識改革についてお話ししてきました。

繰り返しますが、人生の時間というものは、お金のように無限に増えたりはしません。しかし、時間割引率の低い習慣を身につけ、タイムパフォーマンスのよい行動を日々心がけることで、未来の時間に対する投資をすることができます。

その結果、どんどん私たちは効率よく時間を使うことを覚え、その分、自分の時間に対して余裕が生まれるのです。その余裕は、自分が自由に使える時間のことです。

私は、人生の時間の絶対数をいきなり増やすことはできないけれども、自分が自由に使える時間を増やすことは難しくないと思っています。

そのためには余計な時間の負債を貯めている場合ではないのです。借金を増やすのではなく、投資をすることにマインドをシフトしなければなりません。いま現在、できることは先延ばしにせず、少ない時間でもコツコツとこなして、そのとき、その瞬間にやってしまうことで、将来の自由な時間を増やすことができるのです。

そうした行動を心がけるならば、いま現在、少なくとも1時間かかっていたことが、5年後には30分、10年後には15分で実行できるようになるでしょう。

第３章

頭のなかに「時間の家計簿」を持とう

寝る前に「時間の棚卸し」をする

「時間の家計簿」を頭のなかで想像する

普段の生活のなかで、お金の収支については家計簿をつけて管理している人も多いのではないでしょうか。

あるいは特定の家計簿はつけていなくとも、預金通帳やネットバンクの記録、クレジットカードの明細を見ながら、いったい自分が今月はどのようにお金を使ったのかを確認することは、ほとんどの人が行っていることかと思います。

「先月は使いすぎたな」とか、「無駄遣いをしちゃったな」とか、あるいは「いい買い物をしたな」「必要経費だな」と、そうした家計簿や明細を見て、自分のお金の使い方が有益なものだったかどうか、ちょっとでも反省する時間を設けている人も多いことでしょう。

ぜひ、それと同じことを時間に関しても行ってほしいと思います。夜、眠る前に今日1日の、朝起きてから夜寝るまでの過ごし方を振り返り、自分がどのような時間の使い方をしたかを確認してみるのです。そのなかで時間を有益に使えたもの、つまり投資に充てることができたと思える時間と、時間を無駄遣いしてしまったもの、つまり借金・負債となってしまったような時間を振り分けてみましょう。

そのようにして、時間の収支をつけてみるわけです。いわば、頭のなかに時間の家計簿を作ってみるのです。

ABCの3段階で評価

この時間の家計簿で私がよく行っているのは、ABCの3段階で時間の使い方を評価する方法です。

有効に使えた時間はA評価、まあまあの及第点ぎりぎりの時間をB評価、イマイチで浪費してしまったと思われる時間をC評価とします。

1日24時間分を、このようなA～Cまでの3段階で評価して、自分の時間の使い方を可視化します。そのうえで、いかにA評価の時間を増やし、反対にC評価の時間を減らしていくか、具体的にアイデアを練っていきます。

改善すべきC評価となる時間の使い方というと、たとえばダラダラとYouTubeを視聴したり、スマホゲームをしてしまったり、もしくは本来1時間でよかったランチの時間を、つい付き合いで2時間くらいかけて無駄話をしながら過ごしてしまった、というようなものになります。

逆にA評価となる時間の使い方というのは、仕事のミーティングで目が覚めるようなアイデアを得られたとか、趣味のゴルフ・レッスンで自分が望むような成果を得られたとか、自分の人生とって価値ある時間の使い方を指しています。

中間にあたるB評価の時間の使い方というのは、過ごした時間なりの価値はあったけれども、未来の時間への投資という点ではそこまでも高くない、といったものが含まれます。

これはほとんど自分の主観でしかありません。何かしらの経済合理的な指標があるというわけではないのです。人それぞれの人生ですから、何に価値を置くかは違って当たり前です。自分がとてもよい時間を使ったと思えば、YouTubeを見ている時間だって、有意義であるならばA評価に含めても構わないのです。

逆に、何かしら次の仕事につながるような打ち合わせの時間であったとしても、自分のなかで価値評価が低い時間であり、後悔するような時間の使い方だったとすれば、C評価でよいのです。そうすることで、何が無駄だったかを考える癖がつくようになります。

つまり、1日の終わりに毎日、「時間の棚卸し」をするようなイメージです。

スマートウォッチで時間を計測することを習慣化する

たとえば、今日1日の時間を思い出してみると、私にとってほぼC評価と思える時間はありませんでした。ただ、少しもったいなかったと思ったのは、1時間の対談の仕事をするために、片道40分ずつ、打ち合わせ場所に行くのに時間がかかってしまったという点でした。

最近、ほとんどの仕事をオンライン上で済ませるようにしていたので、移動に時間を使わないようにしていましたから、普段に比べるとよりもったいなく感じてしまったのかもしれません。

その代わり、対談の時間は非常に刺激的で、面白かったですし、帰宅してからゴルフのレッスンに行ったり、自宅で食事を作ったりと充実した時間も長かったので、プラス・マイナスで収支は相殺され、そういう時間もありかなという評価に落ち着きました。

改善点としては、今度はそうした移動も、自転車で行けば運動の時間になるかな、といったところです。

時間の家計簿をつけるうえで、移動の時間も含めて、自分が何にどのくらいの時間を使っているか、普段から細かく把握することが重要だと言えるでしょう。

かつてならストップウォッチ単体を持ち歩いて時間を測るという手間が必要だったでしょうけれども、現在ではスマートウォッチという便利なアイテムがありますから、24時間、常に自分の行動を計測し、さらに記録しておくこともできます。

お茶を沸かす時間、料理をする時間、お風呂の時間、仕事の時間、休憩の時間など、スマートウォッチに内蔵されたタイマーやストップウォッチ機能を使って、能動的に計測することを習慣化しましょう。

そうすると、自分の行動がどれくらいの時間がかかるのか、今後も予測して動くことが可能になるのです。

お金を払うときには、大体飲み物は110~130円くらいとか、ある程度、経験的な予測が立つと思いますが、それとまったく一緒のことで、自分の行動の時間も予測がつくようになると、1日のスケジュールを立てやすくなるのです。また、3分間で何ができる、5分間で何ができる、10分間で何ができるとすべて予測がつくようになりますから、それだけタイムパフォーマンスに敏感になることができるのです。

さらに、時間の配分も最適化されて、自分の行動の結果、何かに待たされるということもなくなりますし、隙間時間に何をするのか、もっと能動的に決めることができるようになります。

私は信号の待ち時間なども細かく計測しています。その結果、この信号は長いから、スマホを取り出してスケジュールをチェックできる、とか、細切れの時間も有意義に使えます。

つまり、時間の無駄遣いを避けるためには、自分の時間を、能動的に使う習慣をつけるということが大切なのです。

Googleカレンダーを活用する

　また、時間の家計簿を可視化するのに役立つのが、Googleカレンダーです。私も長年愛用していますが、暇さえあればGoogleカレンダーを眺めるのが、習慣化しています。

　1日のスケジュールを見直し、どこでどのように時間を使ったのか、そのときどのような成果があり、逆にどの部分に改善ポイントがあるのかというようなことを、Googleカレンダーを眺めながら考えるのです。

　このカレンダー機能のよいところは、1日単位ではなく、週単位や月単位で、自分の時間の家計簿を見直すことができる、というところでしょう。

日常ルーティンをゼロベースで見直そう

受動的な時間を見直す

タイムパフォーマンスを意識する暮らしというのは、日常のルーティン化した行動を、常にゼロベースで考えて、改善するところがないかを見直し続けるということです。これは、日々の時間の使い方、ひいては自分の生き方に対して、受け身ではなく、もっと能動的に、かつ積極的になることを意味しています。

私は1日のうち、受動的な時間というのはほぼありません。目的もなく、ダラダラとテレビをながら見するということはまずありえません。隙間時間も自分の意思でコントロールすることができる行動、たとえば細切れ読書のような時間に充てるようにしています。読書は自分でペース配分をすることができますから、隙間時間の有効活用にももってこいなのです。

テレビ番組は、1週間分を全録画するようにしていますので、仕事や趣味などでどうしても必要があるときだけ、全録画したもののなかから、必要な部分を選んで観るようにしています。そのため、いまでは、せいぜい半年に1回くらいしか、テレビ番組を観ることはありません。

また、私がテレビ番組に出なくなったのも、自分の時間のコントロールがしづらいからだったからなのです。テレビに出演している時間は、せいぜい5分、10分くらいでしかないのに、スタッフとの前後の打ち合わせやメイク準備なども含めると、トータルで3時間以上拘束されることがあります。それはあまりにもタイパが悪いと思い、出演依頼は断るようになりました。

映像媒体の出演は、現在では自分のYouTubeチャンネルの動画を主な活動場所にしていますが、私の動画はだいたい1～2分、長くても3分程度のものが多く、ほとんど編集もしていません。撮影とサムネイルなどのわずかな編集時間を含めても、せいぜい5分くらいで1本の動画が完成してしまいます。

多くの人に、自分のメッセージを伝えたいと思ったら、テレビ番組に出演するよりも、自分で動画を撮影して配信したほうが、ずっとタイパがよいのです。

時間のために試行錯誤することは無駄ではない

時間に関して、最近の私の改善点は、「もっと短時間でお米を美味しく炊くことはできないか」ということでした。

炊飯器もありますから、家電の力を借りてセットしてしまえば調理自体は終わりなのですが、ひとつ問題点があります。それは調理した後、炊飯器の蓋（ふた）や蒸気口、内釜など、洗う部分が意外と多く、洗い物を含めたトータルの料理の時間が、かなりかかってしまっていたのです。

ある日、小さな土鍋でガスを使って、ご飯を炊くとふっくらして美味しく、調理時間も早く、洗い物も土鍋と蓋だけですから簡単で済む、というアドバイスを友人からもらいました。早速にＳＴＡＵＢの小さなご飯用のホーロー鍋を買ってきて、いろいろと試してみることにしました。

すると、だんだんと小さな鍋だと噴きこぼれに気をつける必要が出てくるので、もう少し大きめの鍋を試してみたりもしました。また、いつも使っているヘルシオウォーターオーブンでも、土鍋ご飯のメニューがあったので、それも試してみました。

このように、手間暇をかけることなく、美味しいご飯を炊くにはどうしたらよいか、都合8種類くらいの土鍋や機器を試して、検討してみたのです。

なぜそこまで細かく試すのかというと、これは未来への投資という考え方が基礎になっています。これから先、私はご飯をおそらく亡くなるまでのうちに、何千回と炊くわけです。その時間をもっと短くできて、かつさらに美味しく食べることができるならば、もはやそれは一生の宝物と言えるでしょう。残りの人生を考えたときに、それは検討する価値があると判断したのです。

しばしば、タイムパフォーマンスを考えるとき、その場かぎりの時間ばかりで考えてしまいがちになります。これが時間術を試すときの最初の落とし穴なのですが、重要なのは未来を含めた人生全体の時間のなかで、タイパを考えるということなのです。

また、炊飯に関して言えば、全体にかかったトータルの調理時間だけでなく、そのうち、私自身が手足を動かす時間がどれくらいか、ということも自分の時間を管理するうえで重要になってきます。

たとえば、ご飯を炊くのにトータルで45分かかるとします。私が手足を動かすのが5分くらいで、その後の40分は炊飯器が勝手にやってくれる場合と、私が手足を動かすのが15分で、残りの30分は炊飯器がやるという場合では、トータルの時間は同じでも私自身の労力はかなり違います。当然ながら、私にとっては前者のほうがタイパがよいわけです。

1日を1000分の時間予算として考えてみる

先述したように、時間を測り、どれくらいの時間を、どんな行動のために使っているのか、可視化させることは、タイムパフォーマンスを意識するうえで、非常に大切なことだと思います。前章では、生涯の残りの時間をもっと厳密に考えてみるということをお話ししましたが、これをさらにスケールを小さくしてみて、1日の時間を、24時間という1時間単位で考えるのではなく、分単位で考えてみると、より自分の時間予算がどれくらいあるのか、もっと細かく知ることができます。時間の家計簿を頭のなかでつけるときにも、分単位で考えるとよいでしょう。

つまり、私たちは1日24時間のうち、約8時間は睡眠に充てていますから、残りの起きている時間というのは16時間です。それを1時間単位で考えるとついつい無駄遣いをしてしまいがちです。ですから1時間を60分と、分単位で考えるようにして、16×60＝９６０分ですから、１日の活動で使える時間は約１０００分と考えてみるとよいでしょう。

つまり、30分を使うならば、１日の活動時間のうち3パーセント使っていることになります。１００分を使うならば、10パーセントです。

自分の細々とした日々の行動が、どれだけの時間がかかっているかを計測し、そのうえでパーセンテージで計算してみると、いかに時間の無駄遣いをしている暇がないか、その時間の重みというものが実感できるのではないでしょうか。

そのようにして、時間の予算管理をしてみるというのも、日常の行動をゼロベースで考え、改善していく重要な方法のひとつなのです。

気力最優先主義を目指そう

1日の気力は有限

丸1日、活動的に動けば当然、体力を消耗して身体も疲れてしまいます。1日の始まりから終わりまで、同じパフォーマンスを維持し続けるというのは、どんな人間であれ、難しいことだと思います。それは気力についても同じことで、常に一定のモチベーションのまま、朝から晩まで過ごすことはかなり困難なことです。

ですから、体力と同じく、気力もまた有限であると心得ることが大切です。気力がなくなれば、十分に休み、満足な睡眠時間を取って、体力とともに気力の回復も図る必要があります。

言い換えれば、気力のコストパフォーマンスをなるべく抑えることが、1日全体のタイムパフォーマンスの向上にもつながるということです。

たとえば、先にお話ししたように、私は原稿を音声入力で書いています。執筆時は、音声入力用のキーを1日に何十回、何百回と押すわけですが、Windowsの場合はこれを「Windowsキー＋H」というやや複雑なキー操作か、あるいはマウス操作にになるため、それがずっと続けば、徐々に気力も低下していきます。そこで、このキーを押すのに気力を使わずにずっと気持ちよく押し続けるにはどうしたらよいのか、常にゼロベースで改善を試みてきました。

試行錯誤の結果、いま現在はPCでも、スマートフォンでも、音声入力専用に割り当てたトラックボールやマウスのボタンを使って入力するようにしています。そうすることで、押し間違いがないかどうか、気を配って押すという、細かいことですが塵も積もれば山となるような動作のストレスを軽減させ、なるべく気力を温存させる方法を取るようにしているのです。

このように気力をなるべく制限して日々のルーティンを行うことは、とても重要なポイントです。たとえば、スマートフォンを例にするとわかりやすいかもしれません。

朝起きたときには夜のうちに充電していたおかげで、バッテリーは１００パーセントですが、日中活動していると、それがだんだんと減ってきます。あまりにも減りすぎると途中で疲れて動けなくなってしまいます。20パーセント、10パーセントを切ると低電力消費モードとなり、いろんなパフォーマンスが下がってしまうのです。

ですから、体力だけでなく、やる気などの心の力、すなわち気力も日々、目減りしていくことを頭に入れて、省エネで動けるようになるよう、日々の行動を見直すことも大切なのです。

気力の配分を考える

毎日の気力の絶対量は決まっているわけですから、自分の気力を無駄遣いしないことは、日々のパフォーマンスの質を維持することにもつながり、ひいては自分の時間を大事にすることにもなります。

しかし、まったく気力を減らさないということは、生物としての人間である以上、無理な相談です。ですから、重要なのは１日のうち、気力の配分をよく考えて行動するということが大切になります。

気力が必要なハードな仕事やクリエイティヴな作業は、朝起きてから気力がみなぎっていて、充電がたっぷりされている午前中の間に行うようにするとよいでしょう。

そうした作業は昼過ぎくらいまでには終えて、気力が減り疲れも出てくる夕方や夜には、さして気力を必要としない、自動的に行えるルーティンワークのようなものを行うようにするとよいと思います。

これに加えて、隙間時間も有効活用したいものです。公共交通機関を使う、というのもある意味、隙間時間の有効活用に役立ちます。駅の改札やホームまでの移動には、エレベーターやエスカレーターは使わず、階段を上り下りするようにするのです。そうすれば1日1万歩以上歩くのは意外と簡単なもので、さほど意識せずとも、「気軽」に健康によい暮らしを送ることができます。これこそ、気力を温存した行動だと思います。

気力が充実している朝を未来のための投資に充てる

先に述べたように、仕事で疲れて帰ってきた夜、気力はもうゼロに近くなっています。そんな状態で、また別のタスクをこなそうとしても、大体うまくいきません。充実した活動ができるのは、やはり朝起きて、体力も気力も充実した午前中の時間帯だということです。

そう考えると、会社勤めのサラリーマンのように、週に５日、９時－５時で働くということは、日々のパフォーマンスアップのためには、問題も多いのです。つまり、午前中という素晴らしいゴールデンタイムを、通勤や社内のルーティンワークのための時間として取られてしまうわけです。

また、長時間労働が常態化している日本社会では、９時－５時で働ける人はかなり恵まれたほうなのかもしれません。残業が山積みで、始発で会社に来て、終電で帰るというような生活を送っている人は、満足な睡眠時間も取れていません。いわゆる睡眠負債が貯まったような状態になっており、たとえば土日の休みを睡眠だけに費やしたとしても、改善できないというような悪循環に陥ってしまうのです。

睡眠負債は、まさに時間の負債と同じようなものです。なるべく借金は貯めずに、投資に回していけるようにしたいものです。ですから、そうしたブラックな職場環境を変えるというのも、タイムパフォーマンスを意識した行動のひとつと言えるでしょう。

私がお勧めしているのは、やはり短時間勤務ということになります。仕事のタイムパフォーマンスが上がれば、人よりも短い時間で仕事を済ませることができます。つまり、生産性が高い状態になれるわけです。短い時間で仕事が終わるのですから、ダラダラと職場に残ったり、しなくてもいいような雑用に残りの勤務時間を費やすよりも、短い時間で仕事を終わらせて、その時点でその日の勤務は終了ということになれば、自分の人生の時間も増えますし、最もよい働き方だと思います。

しかし、いきなり職場環境を変えるとか、時間に縛られないフリーランスになるというのも難しいものです。そこでお勧めなのが、わずかでもよいから朝のゴールデンタイムを、自分の未来の時間のために投資できるようにすることだと思います。

たとえば、夜は晩酌もせずに早くに寝て、朝5～6時くらいには起きて、気力体力の充実した、朝のゴールデンタイムを1時間でもよいから、自分のための投資の時間に充ててください。自分の未来のために役立つ行動を、この朝の1時間に充てるのです。

計画倒れで、なかなかうまくいかないという人も多いと思いますが、その場合、気力の使い方として計画自体に無理があるのです。

自分の1日の気力がどれくらい続くのかをきちんと把握し、自覚していなければ、無理な気力配分の計画になってしまうことでしょう。ですから、先にも述べたように、自分がどんな行動にどれくらいの時間を使っているのか、1日あたりで細かく厳密に測定することが必要になってくるのです。

つまり、それは自分の気力が1日のうち、どれくらいの時間帯から低下してくるのかを理解することでもあります。そのように自分の気力の絶対量を知ることで、自分に合った気力配分の計画を立てることができるのです。

休日の午前中がゴールデンタイム

また、お勧めしたいのは、休日の午前中を有効活用することです。休日の午前なら ば誰にも邪魔されずに、気力の充実したゴールデンタイムをうまく使うことができます。

ただし、あれもこれもと無理な計画を立てるのは考えものです。詰め込み過ぎても、いくら気力が充実しているからといって、その絶対量が変わったわけではないので、あれもこれもでは、結局、気力は長続きしません。せいぜいできることは1つか2つのタスクでしょう。土日が休みという人は、2日間の午前中にそれぞれ1つずつくらい、何かのタスクを割り当てて実行することをお勧めします。

無理な計画をして達成できないでいると、モチベーションも下がってしまいますので、初めのうちは、小さなタスクで構わないのです。

私はそうしたちょっとした時間にやらなければならないことは、すべてGoogle Keepに書き出しています。Google Keepでメモを見て、「ああそうだ」と思って実行に移し、やり終えると、アーカイブ画面から消すというように、まさに冷蔵庫の張り紙メモのようなかたちで、活用しています。こうしたテックやアプリを活用するのもよいでしょう。

気力を削ぐ行為をできるだけしないようにする

休日にしばしばやることのひとつに、溜まった郵便物を開封したり、あるいは送ったりすることがあると思います。

最近は電子メールが多くなったので、郵便物はかなり減りましたが、それでも返送をしなければいけないものもあります。

そういうとき、私は住所を書くのが面倒で嫌なので、シャチハタ式のハンコを作って、スタンプするだけで済むようにしました。

なぜ、そんなものを作ったかというと、この先もずっと郵便物をもらい返送する際には住所を書くという機会が、延々とあるわけですから、その都度、労力を使うことになります。体力的には大したことがなくとも、気力の低下は免れません。ですから、スタンプを押すだけで済むようにするのは、無駄な気力の消費を防止することになるのです。

もちろん、住所印を発注するのは、少々手間がかかりますが、それは今後も手書きで住所を書くことに比べれば、大したことではありません。引っ越しもせずに現在の家に住んでいる限りは、私は手書きで住所を書くという苦行から逃れることができるのです。そう考えると、時間の節約はもちろんのこと、気力の節約ができるようになります。

切手を用意したり貼ったりするのも面倒ですから、基本的にはレターパックを使うか、あるいは郵便局に直接持って行き、重量を測ってもらって、必要な金額の切手を買い、その場で投函してしまいます。とにかく、些細なことに気を使わなくて済むように、考えずとも自動でできるような仕組みを作っておくのです。

郵便局に行くのが面倒くさいという人がいるかもしれませんが、私にとってはいつ使うかもわからない切手を用意して在庫管理し続けるほうが、よほど面倒くさいのです。それをするくらいなら、郵便局まで歩いて行ったほうが、わずかな時間であれ、運動にもなりますし、よいでしょう。自分の時間と気力の使い方としては少なくとも私にとってはタイムパフォーマンスがよいのです。

キーボードを使わない

先述したように私は、原稿を執筆する際には音声入力のソフトを利用しています。しかし、実は原稿に限らず、ＰＣやスマートフォンの入力についても、ほぼ音声入力を導入しているのです。

それはなぜかというと、やはり気力の問題です。キーボードを使うとそれなりに気力を使います。また、昨今の音声入力は非常に精度が高くなり、私がキーボードで入力するよりもミスが少ないので、キーボードやフリックで入力するよりも、おそらくトータルで3倍から5倍くらい効率がよくなっている印象があります。

ただし、この音声入力も単純にWindowsやスマホにもともと搭載された音声入力を使ったからといって、それほど効率的になるわけではありません。しっかりと、どの音声入力のソフトや機器を使えば、最も効率的になるかということを、比較検証をすることが重要です。そのための投資を惜しんではなりません。それは無駄遣いではなく、あくまでも投資です。自分にリターンとして返ってくるわけです。

最近はWindows11の音声入力に加えて、Googleの最新型のスマホであるPixel7の音声入力をメインとして使っています。なぜかと言うと、音声入力の仕組みをチップに搭載しており、非常に速くて優秀で、しかも、句読点入りで、音声入力を仕上げてくれるからです。

細かいことですが、このPixelの音声入力のキーは、右の端にあってとても小さく、これを押そうとすると、相当気を使って押さなければ、すぐに違う場所を押してしまいます。この点が不服だったので、私はPixelに左手用のトラックボールをつないで、カーソルをその音声入力のボタンにセットをしておき、正面のキーを動かすだけで、音声入力のオンオフができるように改良しています。

この場合、マウスを使うとカーソルが動いてしまうので使いづらいのですが、トラックボールを使うことで、それ本体に触れなければマウスのカーソルが音声入力ボタンの上からは動きません。そのため、楽にクリックができます。このように、自分に合ったツールを見つけてきて、あるいは自分なりに改良して、気力や時間を使わなくてもスムーズに物事が運ぶように工夫するのです。

音声入力の仕組みをひと通り作るには、それなりの時間がかかりますが、ただここである程度、時間をかけておけば、それ以降の生活のなかで、こうしたことに煩(わずら)わされずに済むのです。人生全体の時間から考えればむしろ、お得なのです。だったらお金も時間も惜しんでいる暇はありません。

このような行動原則を立てて、日々を過ごすことは、時間の赤字を作るどころか、むしろ時間の黒字が増えていくようなイメージなのです。常にタイムパフォーマンスを意識して、自由な時間を生み出せるように動いていれば、その行動自体がさらなるタイムパフォーマンスのよさを生み出してくれるのです。

機械化できるものは機械に頼る

家事は機械にやってもらう

私が仕事だけではなく、家事についても自動化を推奨しているのは、何よりも自分の時間を大切に使うためです。

もちろん人を雇うという手段もあるでしょうが、人を雇うとその分だけお金もかかりますし、自分が望むレベルの家事が実行されるわけではありません。

まして、家族以外の人が自宅に入ることになりますので、それはそれで前節でお話しした、気力のコストがかかるようになります。

詳しくは、拙著『勝間式超ロジカル家事』(アチーブメント出版)で解説してありますので、ぜひ読んでいただければと思います。

食事作りに関しても、ホットクックやヘルシオウォーターオーブンのように、自動で調理してくれる最新調理家電があれば、あっという間に自炊が可能になります。洗濯機や掃除機に関しても最新のものをなるべく使うことで、自分の手間や気力をかけることなく、いつも家はピカピカの状態に保てるわけです。

たとえば、ルンバが自動で掃除をしてくれればそれに越したことがありません。また、洗濯に関しても最新式の洗濯機というのは、洗剤まで自動投入になっていますので、いちいち自分で洗剤を開けて投入して閉めるといった手間がいらないのです。そうした家事にかける時間は、1年365日トータルで考えると莫大なものになります。初期費用が多少高くても、洗剤の自動投入機能がある洗濯機を選んだほうがトータルでは、時間が有効に使えるようになりますし、お得です。

このような家事に関して、それこそ配偶者に任せたり、自分でやることではないということで外注したりする人も多いのですが、私は仕事以外の家事全般は、自分の人生にとっても大切なことだと思っています。

充実して生きるためには、自らしっかりと自分自身の管理ができなければいけません。それは自分が食べる食事は、自分で用意することであり、自分が着たものは自分で洗濯をすることであり、自分が汚したものは自分で掃除をすることだと思うのです。

心を豊かにするために家事をする

ビジネスや仕事全般について言えることですが、それらは自分自身も含めて、人々の生活を豊かにするために存在しているのだと思います。ですから、そのようなサービスや商品を提供するビジネスパーソン自身が、豊かな生活が送れないのであれば、結局は顧客や消費者の心をつかむことは難しいのではないかと思うのです。

自分で自分の家の管理をきちんと行うことで、顧客や消費者がどういうものを求めているのかということも理解する助けになるのではないでしょうか。その理解をもとに、自分が提供しているビジネス、サービス、商品が、人々のどういう生活と結びつき、どのようにして社会の役に立っているかを想像することができます。

そうしたことを考えながら仕事をすることは、心を豊かにしてくれるのではないでしょうか。言い換えれば、家事を自分でするということは、回り回って、自分の心を豊かにする行為だとも言えるでしょう。

もちろん、家族がいる場合には1人ですべての家事を行うわけではないでしょう。逆に、自分1人で3～5人分の家事を一挙に引き受けてしまえば、時間がいくらあっても足りない、なんてことになりかねません。ですから、家族でしっかりと分担を決めて、1人1人に家事の分量が偏らないようにするような話し合いが必要です。

極端な話をすると、どんなに話し合っても家事を負担したがらない家族というのは、一緒に住んでいるだけでもこちらの負担になります。その人だけで一人暮らしをするか、あるいは離婚して出て行ってもらったほうが、精神的な安定にはよいのではないかとも思うことがあります。

それくらい家事というものは、生きることに直結しており、仕事を盾に家事を免除される人などいないと思っていたほうがよいでしょう。

これは育児についても同じことです。人間が生きるということは自分自身の世話をする、そして、自分の子どもや親の世話をするということです。

その義務を放棄して、仕事だけに自分の時間を費やすようなタイプの人と一緒に暮らすのは厳しいものがある、ということを理解して、人生に臨む必要があるでしょう。

気力の予算を使い切らないように注意する

気力を取り戻す仮眠のススメ

普段、稼いでいるお金を使い切ると生活が不安定になる。これは、多くの人がイメージしやすいと思います。これとまったく同じことが、気力についても言えるのです。100パーセント気力を使い切ってしまえば、それこそメンタルヘルスに支障をきたし、うつ病になったり、ノイローゼになったりするでしょう。身体にも悪影響が出てきてしまいます。

ですから、常に気力の配分は、余裕を持って、ちょっと余っているくらいがちょうどいいということを、きちんと理解しておく必要があります。

気力の予算が枯渇してきたなと思ったら、とにかくさっさと充電をしましょう。仮眠を取るのもお勧めですし、仮眠を取る暇がなかったら、お茶を飲んで一息ついて、少しでもいいからぼーっとするのです。

スマートウォッチを持っている人は呼吸トレーニングができるアプリを使って、リラックスしてもいいでしょう。ほんの数分間だけ、目をつぶってもよいと思います。

私はいつもリビングで仕事をしていることが多いのですが、気力がなくなってくると、リビングにヨガマットを敷いて、すぐにゴロッと横になってしまいます。

まったく気力がない状態で頑張ろうとしても、しょせん大したパフォーマンスを発揮することはできません。ですから、さっさと気力を取り戻すほうに自分の時間を振り向けるようにするのです。

スケジュールについてもミニマリストになる

スケジュールに関しても、そもそも気力が枯渇するようなハードな計画は立てないことが大事になってきます。つまり、よく気力が枯渇してしまう人は、スケジュールをもっともっと小さくする必要があると思うのです。

以前、ある企業のパーティーなどに出席を頼まれたとき、1分の隙間もなく、ぎちぎちに組み立てられた予定表を渡されたことがあります。その瞬間に、このパーティーは、タイムマネジメントに必ず失敗するなと私は思いました。

スピーチとスピーチの合間には、人の出入りがあったり、準備があったりするわけですが、その時間すらとっていない。また、一定の確率でスピーチの時間を守らない人もいるものです。その分、会は延びてしまうわけですから、ぎちぎちにスケジュールを組むと、余裕がなくなってしまうのです。大体にして、催しというものは、スケジュール通りに進むわけがありません。

ですから、スケジュールには余白も大事だということです。大体私は1日に時間が決まったスケジュールを入れるのは、3件を目安にしています。

また、そのスケジュールとスケジュールの合間も、最低でも30分、できれば1時間以上、開けるようにしています。それくらいゆるいスケジュールがちょうどいいのです。

カバンのなかに物を詰めすぎると、まったく物が探せなくなったり、どこかに行ってしまったり、あるいはぎゅうぎゅう詰めですから、押しつぶされてしまったりします。しかし、カバンのなかにほんの少ししか物が入っていなければ、すぐに探し出すことができます。

そのようなイメージで常にカバンのなかには、必要なものが少量だけ入っていて、自分で大した努力をしなくても管理ができるような状態にしておくことが、賢いタイムマネジメントの方法だと思うのです。

まさにミニマリストの感覚で、予定という荷物を持ちすぎず、余白を増やしていく感覚で、スケジュールを組むとよいと思います。

スケジュール管理も家計簿と同じ

常日頃から頭のなかで、時間の家計簿を思い浮かべておき、時間が決して赤字にならないようにするということが、タイムマネジメントの基本であり、よいタイムパフォーマンスを生み出す土台となります。

自分の「時間」という収入は基本的には一定です。それに対してどんなもの・ことに対して支出していくか、厳しく吟味しましょう。

たとえば、冷蔵庫のなかに物が多すぎる家というのは、すぐに賞味期限を過ぎてしまって食材をダメにしてしまうことがあります。それこそもったいない支出です。あるいは古いものから食べていかなければならないので、せっかく自炊しているのに、栄養価的にも、味についても劣ったものを食べることになります。

ところが、1日分、もしくは2日分しか食材を買ってこなければ、冷蔵庫の管理も簡単ですし、常に新鮮なものを食べることができます。それと同じように、時間の家計簿をうまく使って、自分のスケジュールを管理することが大切なのです。

スケジュール管理もその冷蔵庫とまったく同じイメージです。とにかくびっくりするくらいスカスカにするのがコツなのです。

そして隙間時間は何をするかというと、重要だけれども緊急ではないこと、自分の将来のイメージに対して必要なことを情報収集をしたり、物事をゆっくり考えたり、あるいは必要と思える人と会うというようなことに、使っていくのです。それこそが、自分の将来の時間に対する投資だと言えるでしょう。

とにかくスケジュールがパンパンな場合は、自分の時間の家計簿が赤字すれすれな状況なのだと想像してください。なぜ自分がさまざまなことを先延ばししてしまうのかがよくわかるでしょう。スケジュールをいっぱい入れ過ぎているからなのです。

スケジュールがパンパンなことを誇る人たちがいますが、それはあまりにも自分の時間の家計簿に無頓着だと思います。

それよりもどうすれば、自分の時間を大事に使うことができるか考えることを優先してください。またたっぷりとした隙間時間があれば、しっかり将来について考えることもできるでしょう。ぜひ、あなたの時間の家計簿を黒字にできるよう頑張ってみてください。

第４章

時間泥棒を撃退しよう

どうすれば自分の時間が増えるか

まずは時間の無駄遣いを減らす

前章でお話ししたように、十分に自分の自由な時間を持つためには、時間の家計簿をイメージして、タイムマネジメントをして時間の黒字を増やしていく必要があります。繰り返しますが、人生の時間そのものを、物理的に増やすことはできませんが、自分にとって自由になる時間を、体感的に増やす手段はいくらでもあります。

第1～3章は具体例も含めて、自分の時間を増やすための思考原理・思考方法をお話ししてきましたが、第4章、第5章ではさらに具体的に「自分の時間を増やす方法」を見ていきたいと思います。

まず、どうやって自分の時間を増やすかということなのですが、基本的には無意味なことに時間を使わない習慣を身につけることが、一番、手っ取り早い方法だと思います。無意味なことに時間を使わなくなる習慣が一度、身につくと、かつては1日は16時間しかないと思っていたことが、「なんていろんなことができるんだろう」と思え、びっくりすることでしょう。それだけ、時間を使うことがうまくなっている証拠なのです。

午前中のゴールデンタイムに、さまざまなタスクを終えたとしても、まだお昼くらいにしかなっていないことにふと気がつくでしょう。そこから夜、就寝するまでにまだまだ時間があるのです。

お金を無駄遣いしているといつまでも貯まらないのとまったく同じことが時間にも当てはまります。毎日、ペットボトルのジュースを駅のホームの自販機で買ったり、コンビニ弁当で三食済ませたりしているという人は、やはりお金の無駄遣いと言わざるを得ません。毎日飲むジュースは、自分でお茶のパックを買ってきて、水筒なりに詰めれば、コストはずっと低くなるでしょう。外食も控えて、自炊すればさらにコストも抑えられますし、栄養的な面もカバーできます。余計な支出を減らせば、自然とお金が貯まっていくものです。

これとまったく同じ理屈で、自販機のペットボトルのジュースや外食・加工食品を買うことと似たような、時間の使い方を自分の人生から排除していくことが、まずは重要なのです。

受動的な時間は「時間の搾取」である

時間の無駄遣いをやめるというのは、極端なイメージで言えば、自分の手足や頭を自らの意思で動かしてない時間をなくしていくことです。私はこのような時間を「受動的な時間」と呼んでいます。

とにかく受動的な時間を1つでも2つでも、あなたの人生からなくしていってください。これまでの章で話してきた、ながらで観るテレビ番組やYouTube動画、暇つぶしのゲームなどは、すべてこの受動的な時間にあたります。

このような受動的な時間は、あなたの人生から時間を搾取していきます。奪っていくのです。テレビの視聴率やYouTube動画の再生回数というものは、まさにあなたから搾取した人生の時間によって作られています。搾取する時間が多ければ多いほど、テレビ局側や配信者側は、儲けることができるのです。

現代のビジネスシーンでは、いかにお金を搾取するかではなく、いかに時間を搾取するかによって、マーケットが動いているとも言えるでしょう。だからこそ、さまざまな誘惑が巷に溢れているのは事実なのです。

そのなかから、自分に本当に必要な情報だけを選び出していくことが、まさに受動的な時間に陥らない術であり、私はそれを「能動的な時間」と呼んでいます。それは、まさにこれまでの章で繰り返しお伝えしてきた、未来の時間への投資のことなのです。

あなたが自分の自由な時間を増やしたいのならば、時間の搾取である受動的な時間をできるかぎり減らし、時間の投資である能動的な時間をできるかぎり増やしてください。

自分で、自分の時間の使い方を決めて、能動的に動こうとすると、それなりに体力や気力が必要になりますので、最初のうちは、おそらくすぐ疲れてしまうことでしょう。しかし、筋肉は運動を繰り返すことでついてくるように、自分で能動的な時間を作れば作るほど、それが当たり前になってくるのです。

わかりやすい例で言えば、読書とテレビドラマ観賞が挙げられます。テレビドラマを観るのが好きだという人は多いと思いますが、私はテレビドラマを観るのであれば、その原作となった小説を読むほうがずっと好きです。

ドラマというかたちで映像作品になると、自分で時間配分をして観ることが難しいのですが、小説の場合、自分の好きなスピードとタイミングで読むことができます。自分で能動的に行動をコントロールできるのです。

同じ内容の情報を得るのであれば、映像作品よりも小説や漫画のような、本から情報を得るほうが時間的には効率がよいでしょう。同じ分量の内容を追いかけるのであれば、小説でも漫画でも読書のほうがずっと早いのです。

もちろん、ドラマを見ている時間が楽しいという人もいるでしょう。しかし、ドラマは1時間ならば1時間、拘束されてしまいますし、ついつい終わりまでダラダラと観ているということになりかねません。つまりテレビドラマ観賞は、あくまでも受動的な楽しさであって、能動的な楽しさではないのです。小説や漫画ならば、自分に合ったスピード感で、登場人物やシーンを思い浮かべて、内容を味わうことができますが、ドラマの場合だと他人が時間をコントロールしているような感覚に陥ってしまうのです。そのため、私にとってはあまり好ましいものではありません。

これは働き方においても、同様のことが言えるでしょう。もしあなたが人生のなかで、自分の自由な時間を増やしたいならば、受動的な働き方を避けて、能動的な働き方を積極的にする必要があります。つまり、なるべくならば下請け仕事のような類は、避けたほうがよいのです。下請けの場合、まず自分で時間の配分をコントロールすることができません。それはまさにやらされている仕事であって、自分でやっている仕事ではないからです。下請け仕事をする人は、中間の管理会社によって中抜きされて、わずかな金額で仕事をしていることがしばしばです。さらには納期などの時間的な制限も受けるのです。つまり、お金と時間の両方の面で搾取されることになるのです。

仮にこれが、ビジネスオーナーであれば、どこにどれくらいの時間を使うか、自ら配分することができます。発注元からの指示など聞く必要もないのです。

その意味では、自分の時間を増やすというのは、自分の人生のオーナーに自分がちゃんとなることだと言えるでしょう。

受動的な時間は何時間でもいくらでも可能

私も一時期は、Netflixにはまっていましたが、Netflixのビジネスモデルに関する本を読んだ後、「なるほど、こんなに危険なもののそばに寄っていてはいけない」と思うようになりました。その結果、一切Netflixを見るのをやめてしまったのです。

何か、話題作が出てきたら、映像そのものを観るのではなく、原作だけを読むようにしています。

Netflix側はいかに私たちがNetflix依存症になるか、かなり注意深く計算して設計しているのです。最新技術を駆使して、依存度の高いコンテンツとしての魅力を高めていますから、その罠に一度はまってしまったら、ずるずると自分の時間を奪われてしまいます。ある意味、アルコールやタバコより危険かもしれません。

このような依存症的なビジネスが、現代では大量に増えています。そして、そのために使う時間は、すべて受動的な時間なのです。

そのような受動的な時間は、自分から何か意識的に働きかける必要もないので、非常に楽な時間です。デジタル社会の今日、次から次へと、インターネットを経由して新しいコンテンツが供給されますから、それこそ何時間、何日間でも飽きずに過ごすことができます。

しかし、それが本当に充実して楽しいかというと、やはり嘘なのです。本当の充実は自らの力を発揮して頑張った能動的な時間のなかだけに存在すると心得てください。「楽」と「楽しい」はまるで別物なのです。

受動的な時間は何ももたらさない

また、受動的な時間の一番の問題点は、私たちにほとんど、1円も収入をもたらさないということです。反対に、支出ばかり生じることになります。ネット動画などの、月額のサブスク料金などがそれにあたります。あるいはその分の時間も支払っているわけですから、金銭的にも、時間的にも搾取されるだけ搾取されて、損をしてばかりです。

人生のなかで、受動的な時間が長ければ長いほど、自分の自由な時間もなくなってきます。

普段「お金がない」「時間がない」と嘆いている人の共通点は、結局のところ、受動的な時間が長すぎるということなのです。受動的に時間を過ごす限りにおいては、なかなか人生を充実させることが難しくなります。

幸せは能動的な時間が作る

自分自身で幸福になりたいと思えば、私は運動をするのが一番簡単で、手っ取り早いと思っています。体を動かすと、私たちは幸福感を感じられる幸せホルモンが出るようになっています。しかし、それなりにエネルギーを使うことなので、人はなかなか動こうとしません。能動的な時間を得るには、やはり自分で動かなければならないので、最初はそれなりに億劫に感じるものなのです。

その面倒臭さに負けてしまって、結局、お酒を飲んだりすることで幸せを感じようとするのは、確かに人情ではありますが、結局、それもまた安易な受動的な時間に過ぎません。まやかしの幸せにしかすぎず、人生トータルで考えれば、時間の搾取であり、無駄遣いであることは、これまでの章で繰り返し語ってきた通りなのです。

能動的に運動を始めることで、幸福感を高めて、その結果、健康寿命を延ばすことができる。それはまさに未来への投資です。そうすることで、自分の自由な時間を増やすことができるのです。いまも幸せで、未来にも幸せなのが、能動的な時間の効用だと言えるでしょう。

受動的な時間は「時間泥棒」

タイパが悪い人は「時間泥棒」

人との会食やミーティングも、基本的にはそれが能動的か受動的かで判断することが大事です。

なんとなく頼まれたからミーティングをするというのでは、あまりよくありません。それは受動的な時間の使い方だからです。

そうではなく、自分がその時間をミーティングに使うのに適しているかどうか、あくまでも自分本位に考えて判断することが重要です。自分の時間の投資先として、ミーティングをすることが見合っているかどうか、能動的に考えるのです。

私は、待ち合わせに遅刻する人とは基本的には付き合えないと考えています。自分の時間を大事にすることはもちろん、相手の時間を大事にすることも大切だからです。どんな場合においても、相手の時間を搾取してはいけませんし、自分の時間を搾取されてもいけません。遅刻するというのは結局、約束相手の時間を奪うことになるわけですから、そういう人は、時間に対する敬意が足りていないと思うのです。

結局、そのような「時間泥棒」を自分の人生から排除していくことが、自分の時間を増やすための鍵なのです。

15分以上、自分の時間を使うものについては警戒する

時間泥棒の目安として、1日に15分以上、時間を使うものは警戒するようにしましょう。15分というのは、1日1000分換算で、およそ1・5パーセントもの時間にあたります。さらにその倍の30分となると、1日の時間の3パーセントにあたります。自分の時間予算から考えると、相当な時間と言えるでしょう。

1日のうちに、15分以上かかるタスクをスケジュールする際に気をつけなければならないのは、その15分のタスクは、決して15分きっかりに終わるものではなく、それ

以外のスケジュールを圧迫することになる場合が往々にしてあるということなのです。ここに隠れた時間泥棒が出現します。

たとえば、運動したいと思って、スポーツクラブに行くとなると、最寄りのクラブまで、片道20～30分ほどかかったりするとします。さらにワークアウトの開始と終わりの着替えや身支度でまた30分ほどロスしてしまうのです。ワークアウト自体、30分程度のものだったとしてもトータルで1時間以上、時間を使ってしまうことになります。

1日のうち6～10パーセントの時間予算をスポーツの時間に割けるという人は、ほぼ職業アスリート以外いないでしょう。ですから、スポーツクラブ通いに挫折してしまう人が多いのです。

趣味としてのスポーツはよいと思いますが、日常の運動としてスポーツクラブ通いという選択は、時間の使い方という観点からするとあまり現実的ではないことがよくわかるでしょう。

こうした時間の無駄遣い、つまり隠れた時間泥棒を排除しない限りは、運動は長続きできません。ですから、前に述べたように普段の移動は公共交通機関を用いて、なるべく歩くようにして、運動を日常生活に組み込むということが、運動を習慣化させるコツなのです。

趣味としてのスポーツはよいと思いますが、日常的な運動としてスポーツクラブという選択肢は時間の使い方という概念から考えるとあまり現実的ではないのです。

自宅ではスマホは触らない

家にいるときにはスマートフォンを触らないというのも、「時間泥棒」退治には有効です。私もかなりこれを実践しています。

スマホは、画面が小さすぎて情報量が少ないですし、また、受動的なコンテンツが基本的に多いので、気がついたらどんどん時間が取られてしまいます。

もし、どうしても情報がほしいのであれば、14インチあるノートPCのような大画面で情報を仕入れるようにしています。また、情報に関しては、自分が受信する時間と発信する時間を同じぐらいにするように、発信者になることをイメージしてみてください。

自分が発信した情報に対してコメントや追加情報が来ますから、さらに正確な情報に基づいて、より最適化を図ることができます。その結果として得られた情報を、うまく使いこなせば、自分の時間やお金を増やすことができるでしょう。

私が普段、おもしろいと思っているのは、ブログにしろYouTubeにしろ、作り手のほとんどはPCで行っているのに対して、読み手や聞き手のほとんどは、スマホで見ているということです。

自分がPCによる発信者側になれるのか、スマホによる受信者側になってしまうのか、普段の生活のなかで、いかに自分の時間を使うかによって、その優劣が生まれてしまうのです。残念ながらスマホ側にいるうちは、あなたは結局、受動的な時間ばかりが増えるいっぽうなのです。結果、あなたの時間もお金も搾取されることになるでしょう。

最近はスマホの値段もすっかり高価になって、あまりPCと変わらなくなってきてしまいました。それであるならば、2年や3年おきにはPCを買い換えるようにして、スペックを上げ、自分が発信者側になるようにしましょう。あるいは、能動的に情報を収集しやすいように、情報収集する際はPCを使うようにすれば、もっと効率的に自分の時間が使えるようになると思います。

そういう意味では、PCもスマホも私はなるべく最新版を使うようにしています。

それはツールやアプリが新しくなったり、速度が速くなったり、音声入力が優秀になったり、とにかく高技術が格納されていて、時間効率がよくなるからです。iPhoneのような高価なスマホよりも、Pixelのような比較的安い値段帯のAndroidを私は愛用していますし、PCもほとんどマウスコンピュータのBTOのものを使っています。

スマホやPCは日々、非常に長い時間を私たちと接しているため、ほんのちょっとの待ち時間や、わずかな表示の遅さというものが積もり積もって、結果的に私たちの時間を大量に奪ってしまいます。だから、なるべく高性能で、起動速度も情報処理速度も速いものを使うわけです。

時間効率をよくする方法

移動時間を少なくすること

時間効率を上げるには、とにかくできる限りの手段を使って、いかに自分の時間を能動的に使い、受動的に使う時間を避けるかというのがポイントになります。

受動的な時間の主なもののひとつに、私は移動の時間が挙げられると思います。渋滞での混雑など、まさに自分で望んで引き受けた時間ではないわけですから、完全なる受動的な時間です。

ですから、私は移動時間をなるべく少なくしようと日々、考えています。仕事では、オンラインを多用しますし、またどうしても移動しなければいけないときには、なるべく移動手段を工夫します。

移動している間にゆったりと仕事ができるように、電車や新幹線であれば指定席やグリーン席を取るのは私にとっては当たり前のことなのです。

現在、高速道路などで一定の条件で、日本でも自動車の自動運転ができるようになっていますが、自家用車で運転する際には、可能な場所では、なるべく自動運転に切り替えています。その間、私自身は、オーディオブックを聴いたり、食事をしたり、別の作業ができるようにしているのです。

新型コロナウイルスの感染流行によって、最近はリアルの会合が少なくなりましたが、それでも会合に出る機会はいくつかありますので、その際に便利なように、私は都心部に家を持ち、住んでいます。都心部にない場所ですと、結局会合に向かう際には、かなり移動に時間がかかってしまい、大変、非効率なのです。

都心部に住むと家賃が高いから、コスパ的に問題なのではと言う人もいるかと思いますが、それは自分の収入とのバランスのなかで決めればいいと思います。

私にとって移動時間というのは非常に生産性が低い時間なのです。ですから、なるべく移動に使う時間を小さくしたいと考えています。実際に移動の時間を少なくなれば、その分、時間に余裕ができますし、それをまた未来の時間への投資に使うことだってできるでしょう。

結局、移動時間というのは受動的な時間になりますので、スマホやテレビをダラダラと見ている時間と、質的に大差がないのです。

仕事をする場所の工夫

ちなみに、この原稿はどこで書いているかというと「ミスタードーナツ 御殿場ショップ」で執筆しています。

その理由は、会員になっているゴルフクラブの太平洋クラブ御殿場コースに、週末、たまに行くことがあるのですが、帰りに高速道路に入ってしまうと東京に戻るのに、ちょうど渋滞に巻き込まれる確率が高いのです。結果、2~3時間もかかってしまうため、あまり有意義に時間が使えないのがネックでした。

ですから、お店に入っておかわり自由のミルクティーを飲みながら、夜の7~8時くらいに渋滞が解消する頃合いまで、店内でゆっくりと仕事をするようにしています。

時間は有限ですから、極力、無駄な時間を排除するには、こうした渋滞の時間などが一番避けたいのです。

もちろん、何か特発的な事故などで渋滞につかまってしまうことは致し方ないと思いますが、土日の夕方に都内に向かう高速道路の渋滞のように、あらかじめ予期できる時間帯にわざわざ入っていく必要はないのです。

ネットで済むことはネットで済ます

生活必需品の買い物については、ネットで済ませられるものは、すべてネットで済ませるほうが、より時間の効率化がはかれるでしょう。

私の場合、肉や野菜などの生鮮食品は、近所のスーパーマーケットまで歩いて行き、自分で新鮮な食品を選んで買っていますが、それ以外のものはほとんどAmazonでしか買っていません。

Amazonで注文すれば、購入履歴が記録として残ります。自分が、いつ、何を、どれくらい買ったのか、一括して管理することができますし、品揃えに困ることもありません。値段も安い場合が多いため、結局、オフラインでいろんなお店に買い物に行くよりも、圧倒的に時間効率がよいのです。履歴が残るというのも、気に入った商品をリピートする際にも、簡単に探して注文ができるので、便利です。

以前は、Amazonフレッシュも利用して生鮮食品も、オンラインで買っていたのですが、品質と鮮度、そして送料の問題を考えると、一度にかなり大量に注文しなければならず、結局、食材が使いきれず、冷蔵庫が物でいっぱいになってしまって、かえって非効率になってしまったので、利用はやめてしまいました。

そこで、生鮮食品は近所のスーパーマーケットで買うようになりました。徒歩での行き帰りは、ちょうどいい運動にもなりますし、その移動時間は決して無駄ではないとも思えます。現在では、2～3日に1回、スーパーに行って買い物をしています。

また、生鮮食品をインターネットで買わず、近所のスーパーに行くようになった大きな理由のひとつとして、DX化が進んだこともあります。

それは何かというと、Ｓｃａｎ＆Ｇｏのアプリサービスが導入されたのです。購入したい商品は、アプリを入れた自分のスマホでスキャンすれば、それだけで決済が完了するため、わざわざレジを通す必要がなくなったのです。有人レジの前にずらっと並ぶなんてことが、これで一切なくなりましたし、当然、キャッシュレス決済でＯＫなので、決済に関してはほとんどオンラインと変わりありません。

また、Ｓｃａｎ＆Ｇｏ導入のスーパーというのは、店頭で実際に物を見ながら、自分の目で品質を確認し、商品を選択して、スマホで発注・決済するので、ネットのように商品が届いた後にがっかりするようなこともありません。

ちょうどいい距離にある近所のスーパーに2、3日に1回の頻度で通うことは、先ほども述べた通り、よい運動にもなります。ですから、ネットでのショッピングよりも断然に効率的だと思えたのです。

勝間式「リアルタイム掃除」

第3章では、機械に頼れるものは機械に任せたほうが効率的である点をお話ししました。本書では主に毎日の食事の準備について取り上げてきましたが、その他の家事についても、これは当てはまることです。

部屋の掃除については、私は自動で掃除機をかけてくれるルンバをずっと愛用しています。特にあらかじめ掃除のスケジュールを入力しておけるスケジューラーの機能は、わざわざ起動させなくても、時間になったら勝手に掃除を始めてくれるので、大変に便利です。

しかし、ルンバでは届かない隙間や、台の上、机の上の掃除については、当然ながら自分で手足を動かして掃除をしなければなりません。しかし、それも数週間に1回とか、一度にまとめて行うのではなく、汚れやゴミがちょっとでも目立つなと思った瞬間に、布巾を使って拭き掃除をしたり、ハンディークリーナーでゴミを吸い取ってしまったりして、こまめにその都度、掃除をするようにしています。

私はこれを「リアルタイム掃除」と呼んでいるのですが、「この日は掃除をするぞ」とわざわざ掃除の時間を割いたり、「年に一度の大掃除」のように特定の日にまとめて掃除をしたりするのは、私はあまりお勧めしません。

なぜかというと、そのように特定の掃除の時間というのを定めてしまうと、汚れに気づいても、掃除することを先延ばしにしてしまうからです。この「後でやればいい」という先延ばしの思考の危険さは、第2章でも述べた通り、時間の負債を貯め込むことにつながりますから、著しくタイパの悪い行為なのです。

言い換えれば、大掃除の日や特定の掃除の時間などを設けているから、先延ばし思考になり、どんどん家が汚れてしまうのです。ですから、汚れが発生したその瞬間から、掃除をすれば、ゴミも溜まらず、汚れやほこりが目立つことはありません。

私は台所の排水口に、100円ショップで売っているようなゴミ受けのネットを置いたりはしないのです。毎回、ブラシで掃除するようにしていますし、ガス台やIHも、使うたびに掃除するようにしています。汚れがついた瞬間に掃除をすれば、ほとんど洗剤を使わなくてもきれいに落とすことができるので、これも効率を考えれば、当然のことなのです。

たとえば、歯磨きをイメージしていただくと一番わかりやすいかもしれません。歯のブラッシングは、1週間に1回とか、1カ月に1回、まとめて一気に掃除するなんていう人は、おそらくいないだろうと思います。毎日、食事ごと、あるいは最低でも朝と夜の2回、掃除をする習慣を持っている人がほとんどではないでしょうか。

それは当然のことながら、それだけ放置してしまうと、口のなかに食べかすや汚れが溜まり、歯に付着して、虫歯や歯周病の原因になってしまいますし、口臭の原因になったりもして、やはり不快になるからだと思います。理屈はまったくそれと同じです。汚れた瞬間にすぐに掃除をすれば、汚れやゴミが溜まるなんてことはまずあり得ません。

これは衣服の洗濯についても同じことが言えます。とにかく溜まった瞬間に洗濯機を回してしまうのです。私の家の洗濯カゴは、非常に小さなものしかないので、それ以上溜まることがありませんし、溜めないように心がけてもいます。

また、洗濯機は最新式のものにして、洗剤や柔軟剤は自動投入できるタイプを愛用しています。もちろん、洗濯と乾燥は自動で行いますし、フィルターなども毎回、洗うようにしています。

こうした細かいことをその都度行うことは、一見、時間がかかっているように思えますが、習慣化できればほとんど無意識に行うことができます。また、ひとつひとつの掃除の単位が小さいので、まとめて洗ったり、掃除したりするよりも、まったく労力がかかりませんから、苦ではありません。何よりも、汚れやごみ、洗濯物と同時に、時間の負債が貯まらないことが、すこぶる精神的にもよいのです。なぜなら、後々になって、そうした負債を返さなければならないときの労力を考えると、負債がどんどん積み上がっていくのは、精神衛生上、やはりよろしくないからです。

そのときどきの掃除や洗濯を先延ばしにして、後でまとめてやろうというのは、それだけで時間泥棒の発想だと考えるようにしましょう。隙間時間は探せば、いくらでも見つかりますから、「リアルタイム掃除」はあっというまに終わると思います。

時間のビンをいっぱいにするには

私は、時間というものは、ひとつのビンのなかに、石や砂を詰めていく作業だと考えています。大きな石を詰めるとすぐにビンはいっぱいになってしまい、かといって隙間だらけです。物事をまとめて一気にやろうとする人は、時間を溜めるビンを有効に使えないのです。

ところが、石よりももっと細かい単位の砂を、ビンに詰めていくとどうでしょうか。隙間なく、ぎっしりと砂はビンのなかに入ります。これは、その都度、隙間時間を使って、少しずつ細かく物事を進めていく態度を表しています。これなら時間をためるビンの隅々まで活用することができます。

先延ばし思考では、時間を有効活用することはできません。面倒臭くなって、どうしても先延ばししたくなったら、この時間のビンのイメージを思い出してください。たとえ同じ量の時間を持っていても、それを有効に使えるか、使えないかで、差は大きく開いてしまうのです。

YouTubeは「ながら」で行う受動的な行為

それでは、私自身は時間泥棒的な行為、つまり受動的な時間をまったく設けていないかというと、そうではありません。多少はYouTubeを見たり、スマホのゲームをやったりすることもあります。

しかし、その場合は、すべて時間を決めるようにしています。たとえば、入浴しているときとか、就寝する前の30分だけ、というのが多いと思います。これは、お風呂でリラックスしたい、寝る前にリラックスしたいというような、ちょっとしたリラクゼーションの時間として使っているのです。

ですから、基本的にはYouTube動画を観たり、聴いたりするという、受動的な行為は、他にも何かをやっているときに併せて行う、「ながら」の行動だと私はみなしています。

移動時間にもよく、YouTubeで音楽を聴いたりしています。その際には、HUAWEIのメガネ型のオーディオ機器を愛用しています。イヤホンよりも耳への負担やストレスが少ないので、重宝しています。

本書でも述べてきた通り、私は基本的に移動は、歩きが多いので、HUAWEIのメガネ型オーディオをかけて、音楽を聴きながら、歩いているのです。

そうすれば、ながらスマホをすることもありませんし、歩くという行為に集中することが可能です。人にぶつかったり、スマホを落としたりする心配もありませんし、1、2キロくらいの距離を歩いたとしても、その間、飽きることもありません。

毎日の時間を生み出す最もシンプルな方法

ニュースダイエットは時間リッチの簡単な方法

先述したように私は完全に飲酒をしない生活を送るようにしていますが、それと同等、もしくはそれ以上に私の時間をリッチにしてくれているのが、「ニュースダイエット」というものです。

情報過多となった現代社会において、日々、マスメディア、ネットメディアなどから、さまざまなニュースが報じられています。新聞・雑誌・テレビ・ネットなどのこうした洪水のようなニュースを、あえてカットするのです。

たまたま目に飛び込んできたニュースくらいは観ますが、私はほとんどテレビのニュース番組を観ることがありません。ワイドショーの類も一切観ません。新聞や雑誌の定期購読をやっていません。

ニュースというのは、多くの場合、広告によって成り立っている場合が多いため、非常にセンセーショナルで、耳目を引くようにできています。針小棒大に、できる限り人間の恐怖心を煽ったり、過度に欲望を刺激したりしてしまうようなものが多いのです。そんなものに時間を取られているのは、百害あって一利なしと思えます。

実際に、私はニュースをまったく観なくなってから、3～4年経ちますが、特別に困ったことはありません。むしろ、ニュースを観なくなった分、自分の時間が増えました。その時間を使って、自分の好きな本を読んだり、仕事の作業に没頭したりすることができるようになりました。

その意味で、ニュースダイエットというのは、お酒を飲まないことと同じくらいに、自分の時間を作ることに非常に効果的です。

世の中の多くの人が、お酒を飲んでニュースを観ているわけですから、一体どうやって自分の時間を作っているのだろうと、不思議になるくらいです。

完璧主義をやめる

仕事の効率化については、第5章で詳しくお話ししたいと思いますが、もっと簡単に毎日の時間を増やすのに効果的だと思えるのは、なんでも100パーセントを目指す「完璧主義」を卒業することだと思います。

この完璧主義の正体とは何かと言うと、大きく分けて2つの要素から成り立っています。ひとつは「能力不足」、もうひとつが「リスク回避主義」ということです。

つまり、完璧主義の人は往々にして、何かをすることに対して、能力が足りないにもかかわらず、完璧にできなかった結果、何かしらの問題が起こるのではないかと、過度にリスクを回避しようとしているわけです。

慣れていない仕事の案件であれば、なおさら限界までこだわって、リスクヘッジしようと思うから、どんどん完璧主義になっていってしまうのです。

完璧主義の問題点は、物事を完璧にこなそうとするので、ひとつのことに時間を使い過ぎてしまうこともそうですし、気力も体力も全部、ひとつのことに吸い取られてしまって、効率のよいパフォーマンスの発揮の仕方ができなくなる点です。あるいは、

1日のタスクを、すべて完璧にやろうとするのも、完璧主義の悪いところでしょう。すべてのことを完璧になんて、どんなに優秀な人でもできるわけがありません。

また、いくら完璧にやったと思えても、それは自分のなかだけの完璧に過ぎなかったということも往々にしてあるものです。あれだけ労力と時間をかけたのに、思わぬところでミスを犯しているのならば、自分の完璧主義に振り回されて、労力と時間をドブに捨てているようなものなのです。

もし、あなたが時間を効率よく使いたいならば、完璧主義をまずやめることです。完璧主義をやめるには、リスクヘッジではなくリスクテイクができるようにして、物事の本質を見極め、重要な部分とそうでない部分という優先度をつけるようにすることが大切です。

完璧主義から脱するためには、次の3つの点をよく意識してください。

ひとつめは、そもそも完璧にしようとしても、人間にはミスがつきものなのだから、できないということをよく理解し、割り切って考えること。そもそも自分が達成しようとしている「完璧」はあくまでも主観的なものです。完璧な状態なんて、客観的にはまったく存在しません。ですから、それを追求すること自体、無駄だと心得ることが大事です。

ふたつめが、物事に投入するリソースや期限を決めるということです。この案件に対しては、これくらいの時間をかける、これくらいまでのお金だったら出せると、きちんと区切りをつけるようにしましょう。その範囲のなかで、ベストを尽くせばよいのです。そうでないと、延々に完璧を追い求めて、時間もお金も注ぎ込んでしまうことになりかねません。人生は限りあるものですから、本書でこれまでお話ししてきたように、人生全体の時間に対して、その物事や案件にどれくらい労力をかけられるのか、判断するとよいでしょう。

3つめに、物事の事後にリソースを振り分けるということです。あらかじめ、完璧にしようとあれこれ準備したところで、結局、穴があるのです。何か物事をやろうとしても、なかなか踏み切れないというタイプの完璧主義者に多いのですが、完璧を求めるあまりにやる前から、完璧にできないことのリスクに怯えているのです。そのため、なかなか仕事を始めなかったり、タスクを処理しなかったり、とフットワークが重くなってしまうのです。ある程度の段階で区切りをつけて、まず一歩先に進んでみる。もし、間違いに気づいたら後で戻ればいい。とにかく前へ前へと仕事を進めていくことが重要なのです。

このように完璧主義をやめるには、かなり自分から能動的に動かなければなりません。受動的に動いていては、自分の主観のなかだけにしか存在しない、完璧の罠に引っかかってしまいますから、日常にありとあらゆる物事に対処するときに、これらのことを参考にして、意識的に完璧主義を打破できるように、能動的に働きかけられるようにしましょう。

第5章

仕事を効率化してリッチな人生を手に入れる

有限な人生を労働時間ばかりに費やさない

短い労働時間で最大の成果を上げるために

普段の生活のなかで、「時間がない」と嘆いている人は多いのではないかと思います。私はその原因のほとんどは、仕事の時間が長すぎるせいだと考えています。そして、それは仕事の効率が悪すぎるからだろうと思うのです。

以前、フランスの経済学者トマ・ピケティが書いた『21世紀の資本』(みすず書房)が、世界的なベストセラーとなり、日本でも翻訳版が刊行されて、かなり話題になりました。同書で描かれているように、生産性の根本は、労働ではなく資本の多寡で決まってしまうのです。ですから、労働を長時間にしても、結局、生産性は上がりません。「貧乏暇なし」とはよく言ったもので、働けども働けども儲からず、暮らしは豊かにならないというスパイラルに陥ってしまうのです。

長時間労働で生産性をカバーしようと思っても、結局、資本生産性の向上を妨げることになってしまいますし、労働時間の長さに頼るような収入形態をいつまでも温存することにもつながります。

ですから、タイムパフォーマンスを上げて、時間リッチになるには、いかに労働時間を短くして、さらにその短い時間で、長時間労働で得られる以上に、満足な収入を得られるようにすることだろうと思います。それが、まさに時間リッチにしてキャッシュリッチへの道なのです。

フルタイム・ワークからの脱出

「なるべく労働をせずに、またなるべく労働時間をかけなくても、十分な成果を上げられるようにする」

このような発想を肝に銘じてください。このような状態をうまくイメージできなければ、お金も儲からないでしょうし、自分の自由な時間も増えることはありません。

勤労意欲というような、とにかく労働を賛美することは、21世紀においてはいいかげんにやめたほうがいいと私は思います。現代では本書でもたびたび紹介してきたように、進歩したテクノロジーの恩恵を誰しもが受けることができますし、それによって、労働時間を短縮することは、可能だからです。

現在、一般的な働き方である1日8時間労働の週休2日制、つまり週40時間の労働では、平日にはほとんど自分が自由になる時間がなくなってしまいます。1日8時間労働と言っても、8時間きっかり仕事に充てられているかというとそうではありません。これに行き帰りの通勤時間や、出社するための身支度の時間なども加わるわけですから、1日の起きている時間のほとんどを仕事に費やさざるを得なくなるのです。

ましてや、1日8時間労働の人ならまだましなほうで、結局、仕事が終わらずに残業をしたり、平日だけでは間に合わないので、自宅に持ち帰って休日も仕事をしていたりするというような状況をしばしば耳にします。

つまり、フルタイムで勤務している人の多くが、根本的に時間が足りずに、相当困っているような状況なのです。そうすると、まず、クリエイティヴな活動はまったくできません。

自分の自由な時間を増やすためには、やはりこの長い労働時間をもっと短くして、できるならばあまり労働をしなくても、十分な成果を上げられるようにすべきなのです。人生の時間は有限である以上、長すぎる労働時間は大きなネックになっています。そうなると、できるかぎり、フルタイム・ワークではない、別の勤務形態を目指していく必要があります。

1日2~3時間の労働で生きられるようにする

私自身、40代前半くらいまでは、毎日8~9時間のフルタイムで働いていました。しかし、これでは有限な人生がどんどん目減りしていくだけだと思い、40代後半くらいから仕事の時間を減らしていき、50代前半の現在では、1日2~3時間での労働を基本にするくらいまで、労働時間の短縮が可能になりました。

しかも、40代前半に比べると、ずっと生産性も上がり、収入も増えているのです。

いかに短時間の労働で最大の成果が得られるようになったかというと、やはりさまざまなテクノロジーの恩恵が大きいと思います。そのうえで、自分なりにいかに効率的に仕事を行うか、本書でこれまでお話ししてきたような考え方を踏まえて、さまざまに試行錯誤を重ねたのです。タイムパフォーマンスを上げる技術を積み上げていくことで、それが40代後半から徐々に目に見える成果として表れるようになったのでした。

本書の最後の章であるこの第5章では、いかに長時間労働を克服して、1日2～3時間の労働でも十分な成果を上げることができるか、仕事の効率化を図るためのさまざまなヒントを、読者の皆さんと共有できればと思います。

もちろん、それぞれが置かれた状況や環境の違いもありますから、すべての人がいきなり、1日2～3時間の労働を達成できるといえば嘘になるでしょう。それでも、毎日15分でも、30分でもいい。労働の時間がもっと短くなり、その分、自分の自由な時間が増えるきっかけとなればよいと思います。

「慣れ」や「飽き」を味方につける

「慣れ」や「飽き」を肯定する

労働時間を短くするためのヒントとして、まず重要なのは、「慣れ」や「飽き」を味方につけるということです。

どういうことかというと、これは第3章でお話しした気力を優先するということや、第4章で解説した完璧主義をやめることとも、少なからずつながっています。

というのも、遂行しなければならないさまざまな物事に対して、完璧主義者のようにそのすべてを細かく意識的に行っていては、すぐに気力が枯渇してしまうでしょう。それでは、あっという間にパフォーマンスが落ちてしまいますから、非常に効率が悪いのです。

他方で、反復して行っている仕事やタスクについては、やがて無意識に自動で行えるようになります。いわば半ば惰性的に「こなす」仕事です。気力的にはかなり省エネで、作業することができます。

ある程度、仕事に慣れてくると、その作業自体にだんだんと興味を失ってきて、飽きてくることもあるのではないでしょうか。しばしば、このような「慣れ」や「飽き」というものは、惰性で行う悪習だと世間では言われます。

しかし、本当にそうでしょうか。私はそのようには思いません。「慣れ」で仕事ができるようになったら、それだけ仕事が熟練したことを意味します。意識しなくても、すいすいと仕事ができるならば、それはむしろ、よいことなのではないでしょうか。

また、市場での価値というものは、本当に些細な差で生まれてきます。たとえ作っている本人が飽き飽きしていて、慣れと惰性の労働で作っているからといっても、作られた商品が素晴らしければ、きちんと市場価値を持つのです。他方、どんなに本人が楽しく労働して作った商品であっても、技術的に優れておらず、素人のお遊戯(ゆうぎ)のようなものだったら、市場価値は持たず、収入にはつながらないのです。

つまり、その作業が意識的に行われたか、無意識的に行われたかは、作られた商品やサービスの価値とはあまり関係がないということだろうと思います。

私は、これまでに講演や原稿執筆を何千回と行ってきていますので、依頼されれば、ほとんどなんの準備もすることなく、仕上げることができます。毎回、ワクワクドキドキしながら行っているかというと、そうではありません。もう何十年も同じことをやっているわけですから、そういう時期はとっくの昔に通過してしまっているのです。

講演や原稿執筆はほとんど無意識的なレベルで、さほど意識することなくできるようになっているのです。それはまさに、これまでの20～30年間の時間の投資の賜物だと思います。これまでの時間の投資の配当が、「慣れ」として返ってきているのです。そのように自動的に行える作業ですから、そこまで時間をかけずに終えることができます。

しかし、「慣れ」はよくない、飽きてしまうから、もっと別のことをやろうと考えて、いきなり私が小説を書き始めたり、ブティック経営に手を出したりしたとしたら、どうでしょうか。初めてやることですから、結局、時間がかかるばかりで、大した成果にはつながらないでしょう。

それは、「飽きるとつまらない」ということをネガティヴに捉えすぎているのではないかと思います。しかし、それは実は、これまでの積み上げの成果であり、報酬なのだと考えるようにしましょう。また、その「飽き」自体も、自分の主観に過ぎないかもしれません。実は同じ仕事でももっと改善できる余地があるかもしれませんから、さらなる工夫をして、他の人には考えつかないようなアウトプットをできるようにもなるのではないでしょうか。

つまり、「慣れ」や「飽き」を、物事を投げ出す理由にするのではなく、もっとさらなる向上を目指せるカンフル剤として考えるのです。

「慣れ」や「飽き」を生産効率向上のために使う

日本の多くの企業で採用されている就労形態では、せっかくノウハウを積んだ熟練者であっても、管理職になると他部署に異動させられたりして、そのスキルが無駄になってしまうことがしばしばあります。あるいは明確にマニュアル化された現場では、同じことの繰り返しで、自分の工夫の余地がないこともあるでしょう。

効率がよくなったとしても、さらなる高みを目指して、改善や改良を行いづらいですし、効率化をはかり、結果として余った時間を自分の時間に割り当てることもできません。

ひとつの物事やタスクについて、より効率的になったとしても、社会状況や時代に合わせてさらにその内容をアップデートし続けることは、新しい価値を生み出すという意味で、非常にクリエイティヴな行為ですし、それこそ、労働時間が短くなっても、その成果は何十倍にもなるための近道です。

たとえばシンガー・ソングライターの松任谷由実さんは、デビューしてからずっと同じ歌の世界にながら、時代とともに自分の歌をバージョンアップさせていきました。作曲して歌うという根本の行為自体は変わらないわけですが、新しい価値を生み出し続けるためには、効率化によって生まれた時間を、さらなるアップデートのために投資し続けることが求められるわけです。松任谷さんの人気は時代とともに上がり続け、もはやレジェンドの域に達しています。

もちろん、凡人にはそのようなレベルに達することは難しいかもしれません。けれども、常にアップデートしていく姿勢は見習いたいものです。仕事の内容もバージョンアップしていくうえに、効率化が進み、時間にも余裕ができるということであれば、まさに一石二鳥でしょう。

「なるべく労働をせずに、またなるべく労働時間をかけなくても、十分な成果を上げられるようにする」という発想は、まさにこのことを指しているわけです。

大事なことは、効率化の観点から「慣れ」や「飽き」をしっかり味方につけることなのです。「慣れ」や「飽き」が出てくるということは、効率化が進んだ証左です。そして物足りなさを感じたら、何か別のことに安易に手を出すのではなく、さらにその仕事を極めるために努力すべきなのです。「もっとより高い品質に向上させたい」「もっと時間を短縮できるはずだ」と、常に向上することを忘れないようにしましょう。

つまり、これまでと同じことをより少ない時間でできるようになったからこそ、新しいことに投資をする余力が生まれるのですが、それをまったく関係ないところに投資をするのではなく、いま現在積み上げてきたものにさらに投資をするようなイメージを持つとよいでしょう。

無駄を省くことを恐れない

また、そうした投資に回すとき、私たちはつい増やすほうに頭を働かせてしまうのではないでしょうか。私は、建設的に「減らす」ことも大事なのではないかとも考えています。

これはどういうことかというと、手間ばかりかかるけれども実は顧客のためにはなっていないことなど、良かれと思ってしてしていたさまざまな仕事上のプロセスを、あらためてゼロベースで見直し、どんどんその無駄な工程を減らしていくのです。

たとえば、商品の過剰包装などがその典型ではないでしょうか。日本の過剰包装は世界的にも有名ですが、商品を煌（きら）びやかに包装紙で何重にも飾ったとしても、受け取る人間にとって最終的に大事なのはその中身です。開封する際にはビリビリに破いてしまうわけです。包装紙の管理なども手間ですから、作り手・買い手のいずれにとっても、デメリットが多いことになります。

過剰包装というのは、日本の文化であり慣習ですが、そういう「なんとなく」続けていることは、時には無駄でしかありません。思い切ってやめてしまってもいいのではないでしょうか。その意味で言えば、私は中古品を買うのが好きだったりします。値段もさることながら、余計な包装がないところが、私好みだからです。新品を買ってくると、包装紙や箱を処分するのもひと手間になりますから、時間の効率が悪いのです。中古品なら箱がないものも多いですから、すぐに商品を使うことができます。

もちろん、商品の保護のために箱にちゃんと入れたり、あるいは売るためのお化粧の意味で過剰包装したりすることは、市場価値を高めるという意味ではよくわかります。しかし、その結果、多くの人の時間を無駄に奪っている可能性が高いのではないかと思うのです。

勇気をもって手抜きをしよう

第4章では完璧主義の弊害についてお話ししましたが、完璧主義者は、「慣れ」や「飽き」を極端に嫌うものです。

なぜなら、完璧主義者は物事に優先順位がつけられないため、手を抜くということを知りません。それは、全体を把握する力が欠如していると言わざるを得ません。そのため、変に細かいところを気にして、いつまでも完成させないまま、納期ギリギリまで作業してしまうのです。これほど時間効率の悪いことはありません。実は、そういう完璧主義の人が多いのではないでしょうか。

たとえば、学生の頃、先生が言っていることを一言一句、言われたままにノートに書き取っている人がいなかったでしょうか。そのようなノートは非常に読みづらく、何が重要なのかまったくわかりません。そして、そうしたノートを作っている生徒は、あまり成績がよくなかったのではないかと思います。

つまり、そういう人は、何が重要で、何が重要でないか、物事の優先順位を考える能力が育っていないのです。

完璧主義者は、その理想とする完璧な状態と自分の能力が見合っていないことが多いのです。ですから、完璧を追い求める限り、挫折し続け、何も達成することができなくなってしまいます。

その悪循環から抜け出すには、手抜きをすることを覚えるとよいでしょう。つまり、初めから完璧を目指すのではなく、最初は7割や8割くらいの時間を使ってある程度、仕上げたり、やり込んだりするだけでいいのです。その後、残りの2〜3割の時間で、穴や漏れがないかどうか、確認したほうがより建設的だということです。

完璧主義は、全体を見ずに優先順位をつけないと先に述べましたが、多くの人がこれにハマってしまうのは、まさに全部同じように完璧に仕上げようとすることのほうが、ずっと楽だからです。それが達成できるかどうかは別にして、優先順位をつけるという判断をしなくて済むから、楽なのです。判断するということは、全体を把握し、納期や予算など、さまざまな条件を加味して行わなければなりませんから、かなり面倒なことです。

しかし、時間を大事にしたいというならば、やはり優先順位をつける必要があり、やるべきことと、やらなくてよいことの区別をつけなければなりません。そして、やらなくてよいことはすっぱりと切るのです。これが勇気をもって手抜きをすることの真意なのです。

「念のため」という「保険仕事」を減らす

1日の大部分を占めている仕事に関しては、その手続きや過程を秒単位で縮めていくことにこだわることは、人生のトータルの時間で考えたときに、非常に大きなリターンがあると思います。

問題なのは、職場の環境や職種によっては、こうした仕事の効率化を受け入れてくれるところと、まったく認めてくれないところがあることです。「自分の時間を大事にしたい」「短い時間で最大の成果を上げたい」という人は、こうした効率化や改善・

改良を許してくれる職場にいることが必要でしょう。そうでなければ、そもそもタイムパフォーマンスを向上させることもできなくなります。

これは職を選択する際の指標、判断基準にもなりますので、何を優先させたいのかを、よく考えて、就職活動や転職活動を行うとよいでしょう。

近年では、終身雇用的なフルタイムで働くジョブ型雇用から、もっとフレキシブルに働くことができるメンバーシップ型雇用への移行などが進みつつあります。その意味では、自分の採算で、独立して仕事をすることもかつてよりは、比較的にやりやすいのではないでしょうか。そうすれば、もっと時間効率を優先した働き方をすることもできます。

ジョブ型的な、フルタイムで働く企業文化のなかで、もっとも非効率なものと言えるのが、稟議(りんぎ)を回して、逐一、上長の確認を取る作業ではないかと思います。しかもその多くが、いちいちペーパーを作成して、ハンコを押して、という二度手間、三度手間を強要してきます。『ブルシット・ジョブ』(岩波書店)という世界的なベストセラーで知られる文化人類学者のデヴィッド・グレーバーは、コンプライアンスの行き過ぎた新自由主義の世界では、むしろ、かつての官僚制のような手続き主義が横行し、無駄なペーパー仕事が増えたとも述べています。私はそのような仕事を「保険仕事」と呼んでいるのですが、グレーバーはそうしたペーパー仕事のせいで、テクノロジーの発展が阻害されているのだ、と喝破しました。

時間効率の観点からいえば、この「保険仕事」をいかに減らすかが重要になります。この保険仕事について少し説明しますと、一言で言えば、「本当は必要ないかもしれないけれども、とりあえず念のためを行う仕事」の総称になります。

つまり、過度にコンプライアンスを気にして、来るかもしれないクレームに備え、必要以上に注意書きをするとか、もしかしたらこんな危険もあるかもと、とにかくリスクヘッジばかりを優先して、細部までこだわってしまうことを言います。これは先ほど述べた、過剰包装も似たような「保険仕事」と言えるかもしれません。

「念のため」「もしかしたら」というような、保険仕事が増えれば増えるほど、効率はどんどん悪くなりますし、その分、コストも上がっていきますから、結局、収益は少なくなってしまうのです。

これは大企業であればあるほど、多くなる傾向にあります。もっと細かく言えば、クレーム対応やコンプライアンス対応のために、企業弁護士・顧問弁護士、あるいはコンサルタントを雇うというのも、この「念のため」の備えなのです。

欧米では、しばしば何のために自分が企業から雇われているのか、よくわからないという顧問弁護士やコンサルタントが多数いたということで、それはまさに無駄な仕事・無駄な雇用であることが判明しました。先述したグレーバーは、そうした仕事を「ブルシット・ジョブ」と呼んだのでした。

このような保険仕事は、終わりがありません。リスクは限りなくゼロにすることはできても、まったくなくすことはできないからです。ですから、保険仕事をどこまで行うかの判断には必ず、リスクテイクが伴うのです。これをすべて行っていたら、当然ながらいつまで経っても仕事が終わりません。

もちろん、だからといって、まったくリスクマネジメントを行わないというのも、将来的に問題となり、商品やサービスのユーザーの負担となってしまうのです。

ですから、全体を把握し、優先順位をつけて、どの部分を重視するのか、判断していかなければならないのです。

短時間労働にするための方法

成果報酬型の生き方を目指す

先ほど、ジョブ型からメンバーシップ型へ、というようなお話をしましたが、時間リッチでキャッシュリッチになるには、メンバーシップ型のようないわゆる「成果報酬型」に、自分の収入の軸足を少しずつでよいので移行していくことだと思います。

たとえば、私にとって、本書のためにこの原稿を書いたことの報酬は、発行部数の一定の割合を印税としてもらいますから、完全に成果報酬型です。売れれば売れるほど、私へのリターンは増えますが、まったく売れなければ収入はほとんどない、ということになります。

仮に、私がこの原稿執筆の仕事を、原稿用紙換算で1枚当たりいくらとか、1文字当たりいくらというような形で引き受けたとすれば、確かに一定の割合で、収入はあると言えるかもしれません。

しかし、それではたくさん原稿を書けばたくさんお金が稼げるだけで、そのためには長時間の労働が必要になってしまいます。しかし、印税収入であれば、それが仮に売れてくれれば、一度、原稿を書くだけの労力と時間だけで、自動的に収入として私の懐に入るのです。成果報酬型とはまさにそのような働き方と収支の形態を指しています。

つまり、本章の冒頭でお話ししたように、「なるべく労働をせずに、またなるべく労働時間をかけなくても、十分な成果を上げられるようにする」というイメージに適うのは、まさに成果報酬型の生き方だということです。

それは、時間と収入のバランスを、自分でデザインする生き方なのです。

時給・日給・月給ベースで仕事をしない

現在、私がテレビや雑誌などのマスメディアにまったく出ないようにしているのは、これらの仕事が、私にとっては成果報酬型ではないからです。

拘束時間が長いということもありますが、その時間があれば、自分の本やメールマガジンのために原稿を書いたり、YouTube動画を撮影して編集したりしているほうが、よほど成果報酬型の働き方だと思います。そうして作った成果物が、売れれば売れるほど、その収入がすべて私に入ってくるのです。

ですから、テレビや雑誌などに出ている時間は、宣伝にはなるかもしれませんが、ある意味ではもったいない時間でもあるのです。

仕事の効率を上げ、短い時間で高い収入を得るために必要なのは、時給や日給、月給などの固定額をベースとした仕事をしないという決意を固めなければなりません。

もちろん、仕事を始めた若いうちから、それが実行できるという人はそうはいませんから、少しずつでよいので、そうした成果報酬型の生き方に移行できるよう、計画を立てていきましょう。20代よりは30代、30代よりは40代と、成果報酬の割合が大きくなるような仕事や生き方の未来設計をしていくのです。そして、いま現在の時間を、そのような未来への投資として使うことが大切です。

理想としては、50代になる頃には、すでに完全な成果報酬を手にできる立場に移行していることが望ましいでしょう。なぜなら、50代半ば〜60代になると、会社員としての終わり、つまり定年が目の前にチラついてくる頃合いだからです。

いつまでも固定報酬型で収入を得ていますと、定年後に自分がどのように収入を得ていいのか、まったくわからなくなり、路頭に迷ってしまうからなのです。

ですから、20代、30代の若いうちから、失敗を恐れずに、少しずつでよいですから、成果報酬型への道を作っていくようにしましょう。

労働時間短縮はテクノロジーがすべて

成果報酬型のビジネスに移行すると何がよいかというと、さまざまな投資ができるようになるということです。私がマウスをたくさん試したり、音声入力のオーディオ機器を買い換えたりしているのも、そういう投資を通じて、自分の自由になる時間が生まれるからに他なりません。

またそうして生まれた自由な時間に、よりクリエイティヴな作業をして、新しく優良なコンテンツを作ることができれば、さらなる収入につなげることができるでしょう。そうすれば、あっという間に、試行錯誤したマウスやオーディオ機器の代金のもとを取ることができます。そのお金が無駄ではなく、投資として生きてくるわけです。

実際に、この原稿を書いている数カ月間の間だけでも、私はマウスを4つぐらい買い換えて、試行錯誤を繰り返しています。

本書が刊行された2023年にも、どんどんテクノロジーは更新されていくでしょう。そのような最新のテクノロジーの恩恵にあずかれなければ、労働時間の短縮は、まず不可能です。さまざまなIT技術やプラットフォームを利用するのはもちろんですし、自分が作る製品やサービスもなるべく、DXやオンラインで実行できるようにします。

たとえば私の書籍も、最近では電子版の売り上げのほうが、紙の本よりも大きくなっています。効率的に本を読もうとしたら、やはり紙よりも電子のほうを好む人が増えてきたのでしょう。また、電子書籍は常に携帯している小さなスマホでも読むことができます。また読み上げ機能を使えば耳読もできますから、ますます読書の時間効率がよくなるのです。

人は仕事のみのために生きているわけではない

遊びの時間は無駄ではない

本章は仕事の効率をいかに上げるかに特化してお話ししていますが、仕事における生産性にもつながる話として、いかに遊びの時間を確保するか、という点についても指摘したいと思います。

ただ単に仕事の生産性を上げるだけでなく、労働の時間とは別に遊びの時間を持つことが、なぜよいのかというと、それは根本的な話で、そもそも私たちはただ働くためだけに生きているわけではない、ということに行きつくでしょう。

仕事の効率化を図ったうえで、余った時間をさらに仕事のために使うならば、それはそれで収入は上がるかもしれませんが、結局、仕事をしている時間は増えているわけですから、むしろ生産性は落ちているということになるかもしれません。

仕事の効率化を図り、少ない労働時間で十分な成果を上げて、生産性を高めるのは、さらにたくさん仕事をするためではないということを、改めて確認しましょう。それはあくまでも、自分の自由な時間を大事に使うためなのです。

短い時間で十分な収入を得て、かつその収入を再投資し、もっと自分の仕事を効率化できれば、仕事以外の時間をもっと増やして、生活に別の彩りと潤いを与えることができます。

仕事のため、お金儲けのためだけに自分の人生をささげるのではなく、もっと人生にとって価値のあること、たとえば健康のために運動するとか、趣味などの遊びの時間に使うことも、幸福な人生のためには大切なことなのではないでしょうか。

これはもしかしたら、日本人に顕著なことなのかもしれませんが、しばしば勤勉に働くことは正しく善であり、遊ぶことは間違いで悪であるというような価値観が根強い気がします。つまり、遊びの時間が多いと、それだけで罪悪感を持ってしまいがちなのです。

私は、仕事と遊びは同じくらいよいものだと考えています。それはどちらが上とかではなく、あくまでも等価なものなのです。遊びの時間は決して無駄なことではないのです。

オランダの歴史学者ヨハン・ホイジンガは、他の動物のなかでもホモサピエンスという種が、今日に至るまでの発展と進化の歴史を辿ることができたその理由のひとつに、人間が遊びに熱心だったからだ、と述べています。いわゆる有名な、「ホモ・ルーデンス（遊ぶ人間）」というものです。人間の本質は遊びになるわけです。

衣食住という生物にとって必要なこととは、一見、遊びは直接的には関係しません。しかし、そんな遊びの時間から、さまざまな試行錯誤の果てに、創造性豊かな発想が生まれたりするものなのです。それが、現状を打破する新しいブレークスルーになったり、新しいライフスタイルを作るきっかけとなったりします。しばしばノーベル物理学賞などを受賞する科学者たちのひらめきは、研究以外のレクリエーションの時間に思いついたことが多いといいます。

また、学習段階の小さな子どもたちは、親や兄弟と一緒にさまざまな遊びをすることで、繰り返し、言葉を使い、言語を習得します。ゲームを実践するなかで、言語のルールを知り、あるいは時に改変させながら、自分の母語を習得したり、改良したりするのです。その他の知識も、基本的には同じだと思います。

つまり、人間は遊ぶことを通じて、自らを進化させ、社会を発展させてきたのです。遊びはそうしたイノベーションの宝庫だと言えます。遊びから学ぶことができない人は、クリエイティヴな仕事はできないと心得てください。

遊ぶことで頭がよくなる

私は、40代後半から仕事を絞り込んでいったことで、50代になってからは、仕事量は半減していますから、その分、遊ぶ時間が増しました。いまでは、それこそゴルフにバイクに、船舶のクルージングに、旅行に、と遊びまわっています。

しかし、面白いのは、その結果として、自分で言うのもなんなのですが、「どうも頭がよくなっているらしい」と感じることが増えたのです。

これまで思いもつかなかったアイデアがパッと浮かぶことがよくあります。同じことをやっていても、30代や40代の頃には見えてこなかった、世の中のフレーム（枠組み）やフロー（流れ）を見通すこともできるようになってきました。これは明らかに、ただ仕事をしていただけでは、辿り着けなかった頭の柔らかさ、思考の柔軟さだと思います。

たまに友人と「カタン」や「宝石の煌き」といった外国のボードゲームをして遊んだり、「マーダーミステリー」のようなパーティーゲームをしたりしていますが、若い頃に比べると、50代のいまが一番強くなっている気がします。「カタン」なんかは、何度やっても私ばかりが勝ってしまうので、負けず嫌いの友人は、なかなか私を寝かせてくれません。

もちろん、ただゲームが強くなっているだけではありません。日常生活上、いかに効率よく物事を済ますか、というタイムパフォーマンスの工夫や仕事の工夫が、ますますやりやすくなっているのも、新しいアイデアがどんどん浮かぶようになったからだと思います。

その結果、ますます仕事の効率がよくなって、さらに遊ぶ時間が増えたので、また頭がよくなり、よいアイデアが浮かび、さらに仕事の効率がよくなるという、好循環が生まれていることを実感しています。

遊びを通じて得られる時間と学び

私の場合、仕事は基本的にすべて在宅で行っていますので、余計な移動時間がかかりません。隙間時間には本を読んだりして、さらに新しいアイデアが蓄積されていきます。

また、家にいるばかりでは運動不足になってしまうので、週に2回はゴルフのラウンドに出るようにして、楽しんでいます。

現在では仕事の効率が非常にいいので、たとえゴルフをしたとしても、残りの時間で十分に終えられるくらい、ルーティンワークの範疇に収まっています。

本当ならばやろうとすれば、毎日、ゴルフに行っても平気なくらいなのです。しかし、それではさすがに身体に悪そうなので、控えていますが、人から誘われたゴルフは積極的に参加するようにしています。

ゴルフをしている間は、ラウンドを回る人たちとさまざまなことを話しています。私にとっては、自分ではまったく思いつかなかったアイデアや、知らなかった情報をたくさんいただける時間でもあり、まさに情報源の宝庫なのです。それは、遊びと学びが一体化した時間だと言えます。

遊びは仕事より下という固定観念を捨てる

ですから、遊びと仕事を分けたり、ましてや遊びが仕事よりも低級なものだと考えたりするのはやめましょう。時間の効率からしても、仕事と遊びが一体なものであると考えたほうが、断然よいとは思いませんか。

仕事とは自分のなかに蓄積されたノウハウを形にして、顧客や社会に貢献することであり、まさにアウトプットな作業だと言えます。それと反対に、遊びとはさまざまな情報を自分のなかに取り入れて、新しい発想に転換していく、ある意味ではインプットをする学びの時間なのだと考えるといいのではないでしょうか。

アウトプットが仕事で、インプットが遊びなのです。そしてインプットである遊びが充実すればするほど、アウトプットの仕事もアップグレードしていきます。

仕事ばかりしていると、結局このインプットが枯渇していくのです。しかし、だからといって遊んでばかりいてもインプットしたものが持ち腐れになってしまいます。

いかに仕事というアウトプットと、遊びというインプットのバランスを取りながら、自分の時間を上手に設計するかというのが鍵になっていくわけです。

仕事の効率化を図る

在宅ワークこそ音声入力を導入する

本書では私自身が実践しているさまざまな効率化の知恵をちりばめて、お話ししてきましたが、第5章の最後に改めていま現在の私が導入している、特に仕事の効率化のための実践を少し詳しくご紹介したいと思います。

まず、私はPCの音声入力を最大限活用しているという話は、本書でも繰り返し述べてきました。それは現代のデスクワークの多くは、ほぼPCが欠かせないような状態になっているからであり、タイピングで消耗することがないように、工夫することができれば、それだけで仕事の効率化になるからです。つまり、現代人にとってはある意味で、必須のスキルなのではないかとも思えます。

しかし、音声入力の一番のネックは、職場などで音声入力をしていると、周囲の人間にとってはただの騒音になり、迷惑なのではないかという懸念があることです。ただ、新型コロナウイルスの感染流行以降、在宅ワークをする人も増えたのではないかと思います。この在宅ワークのよいところは、まさに音声入力をしていても周囲を気にする必要がない、ということです。ですから、在宅ワークこそ、音声入力をするのに適しているのだと言えるでしょう。

どんな音声入力ソフトがいいのかは、人それぞれの周辺機器やスペック、あるいは音声入力の目的にもよりますが、ＰＣの場合なら、いちばん簡単なのは、Googleドキュメントでしょう。そもそも音声入力の機能がついているので、立ち上げるだけですぐに使うことができます。あるいはWindowsならVoicein（ボイスイン）という機能があり、これを立ち上げれば簡単に音声入力をすることができます。

また、Remote MouseというWindowsでもMacでも使える音声入力のソフトがありますが、スマートフォンやタブレットで音声入力したものを、そのままＰＣのほうの常駐ソフトを通じて、コピペのように流す機能があるのです。

在宅中は人と話すことも少なくなりますから、そうなると発声する喉周辺の筋肉や機能の衰えにもつながります。喉周辺の筋肉が衰えると、若いうちはまだよいのですが、高齢になるにつれて、誤嚥性肺炎の原因にもなってくるので、せっかくならば音声入力で仕事をしながら、鍛えてしまうのも一石二鳥だと思います。

音声入力を自由に使えるようになると、キーボードでのタイピングの3～5倍のスピードで入力することができるようになります。これまで、キーボードを使っていたのはなんだったのか、という気になりますので、ぜひ、試してみてください。

ゲーミングPCを活用する

私は仕事で使っているPCは、すべてゲーミングPCを使っています。ゲームもしないのにわざわざゲーミングPCを使っているのはなぜかというと、画像処理や音声処理が非常に速いからなのです。

在宅ワークをしていると、基本的に打ち合わせやインタビューはZoomで行うことが増えていきます。そのときも基本的にはゲーミングPCで行っています。そもそもゲーミングPCは、リアルタイムのオンラインRPGをやる用途で作られているため、ノイズを処理するなど、マイクが非常に優秀なのです。画像もきれいに映るため非常によいのです。また高速処理が得意ですから、リアルタイムで重たいデータを処理させても何の問題もありません。

ゲーミングPCのネックは、それなりに高価だという点が挙げられます。グラフィックボードもマイクも高性能のものを使っているので、やはり単価は高くなります。普通のPCが10万〜15万円くらいだとすると、ゲーミングPCは大体20万〜30万円くらいするものが主です。しかし、フリーランスで仕事をしている人や在宅で仕事をしている人は、その機能性を考慮に入れると、差額の5万円というのは、消費ではなく投資に値すると言っていいでしょう。

私は当然ながら、なるべく最新のものを使うようにしています。また処理能力やメモリーも最大のものを選ぶようにしています。また、効率を考えるとPCやスマホは1台だけでなく、複数台あると、もっと時間の効率化が図れるでしょう。

私の場合、ノートPCは基本的にメインでは3台使っています。スマートフォンも3台、いつも使用しています。これはそれぞれ使う場所が異なったり、組み合わせが違ったりなど、役割分担が異なっているからです。PCやスマホがひとつだけだと、ウィンドウや画面の切り替えが面倒ですが、複数台持っていれば、それぞれの役割や用途に合わせて分担することが可能になります。まるで、優秀な部下がたくさんいるようなイメージです。

また、常に持ち歩いているノートPCには、通信モジュールも入れて、ディスプレイを開いた瞬間に、すぐにネットにつながっているような状態にしているのです。また、ノートPCを外に持ち歩く際にも、外付けキーボードを携帯しておくことにしています。ブリッジを間に挟んで、ノートPCの上に外付けキーボードを置き、快適に仕事ができるようにしているのです。

それは隙間時間があれば、近くのカフェやサービスエリアなどに入り、すぐに仕事をやりやすいようにするための、あらかじめの準備なのです。

ここ3年くらいはPFUから出ている「HHKB」という3万円くらいするキーボードを愛用しています。これに自分が使いやすいように、3Dプリンターでスペースキーと変換キーを取り替えるなど改良も施しているので、さらに使いやすい仕様となっています。

日本語キーボードであれば、そのままの状態でも親指シフトを打てないことはないのですが、専用のキーボードに変えたほうがより快適にミスも少なく打てます。

こうした細かい周辺機器についても、仕事の効率化のためには、さまざまに工夫することが大切なのです。

マウスもいろいろな種類のものを使っていますが、メインで使っているのはロジクールの一番高いものです。多機能ボタンになっていますので、そのボタンに音声入力やページアップ、ページダウンなどを割り当てて、まるで自分の手足のように動けるようにカスタマイズをして使っています。

結局、PCで仕事をするにしても、スマホで仕事をするにしても、初期設定のままでは、自分にとって使い勝手が悪い部分がどうしても出てきてしまうのです。いかにこれをカスタマイズして、毎日少しでも使い勝手をよくするか、改良に努めるわけです。

それは料理人が、自分の仕事用の包丁を常にピカピカに研いでおくのとまったく同じことなのです。自分の仕事道具は手入れをして、常に最大のパフォーマンスを発揮できるようにしておきましょう。

SNSを活用する

「まずググれ」というのが常套句になっている昨今ですが、私自身はGoogle検索の他に、そうした情報検索の手段としてよくTwitterなどのＳＮＳを使ったりしています。非常にマニアックな情報を持っている人が、ＳＮＳの世界にはごまんといるからです。

また仕事中も、割とＳＮＳを起動させて使いながら作業をしていることもあります。FacebookやInstagramなどで友人と雑談しながら、仕事をしているようなイメージです。

仕事には集中力が必要で、ＳＮＳなんかをやりながらでは、注意が散漫になって仕事にならないだろうという人もなかにはいるでしょう。

しかし、はたして本当に仕事をするのに集中力がいるのでしょうか。それは集中力を必要とする仕事だから、必要なだけに過ぎないのではないでしょうか。逆に言えば、集中しなければ仕事をこなせない、自分の能力やスキル、ノウハウのなさが問題なのではないかとも思うのです。

つまり、先に紹介した「慣れ」の問題がここにも出てきます。ある程度、習熟した仕事であれば、集中しなくてもほとんど無意識にできてしまうものが多いのです。逆にＳＮＳをやりながらのほうが気分転換にもなって、仕事の効率が上がることもあります。

仕事中はSNSをするな、というのは理不尽な職場のルールでしかありません。結局、与えられた環境のなかで、与えられた仕事だけをして、固定給をもらっている以上、こうしたさまざまな工夫も仕事の成果としてリターンになりづらいのです。そんな仕事をしているうちは、残念ながら時間はどんどんなくなっていくいっぽうです。そんな環境で、自分のスキルアップや新たなノウハウの蓄積をしろというのが、そもそも無理な話なのです。

若いうちはそれも経験ですからよいかもしれませんが、何も成長のないまま中高年になって、後から来た優秀な若者たちにどんどん抜かれていくことになります。年功序列で、給料は少し高いけれども仕事ができないとなると、不景気が続く日本社会では、それだけでリストラの対象になるでしょう。

自分が30代、40代、50代と年齢を重ねていくにつれ、成果報酬型に近い収入形態をメインにするにはどうしたらいいのか。

何を積み重ね、どんなスキルやノウハウを蓄積していき、仕事の環境を整え、PCなどの仕事道具を揃えていくにはどうしたらよいか。

自分の自由な時間を手に入れ、時間リッチとキャッシュリッチになるために、常に自分のお金と時間を、何に投資すべきか考え続け、挑戦し続けることが大事なのです。

隙間時間読書法のススメ

最後にもうひとつ、日々の効率化についてお話ししたいのが、隙間時間を有効に使うことです。特に私がお勧めしたいのは、隙間時間に読書をすることです。

私は隙間時間にかなりの量の読書をすることが、もう長らくの習慣になっています。ですから、読書習慣のない人が、なぜ本を読まずに済ませることができるのか、逆にびっくりしてしまうくらいです。私の読書のテクニックやノウハウについては、ぜひ、拙著『勝間式金持ちになる読書法』(宝島社)を読んでいただければと思います。

本というものは、先人たちの知恵の宝庫であり、ネットサーフィンをするよりも確かな知識を得ることができますから、値段の割に得られる知識の量と質は莫大(ばくだい)で、非常にコスパがよいのです。しかし、おそらく大きな問題なのが、そもそも本を読むための時間を取ることが難しいということなのではないでしょうか。

私は、気になった本は全部買うようにしていて、それを全部読むための時間的な余裕が本当はほしいと思っているのです。しかし、他にも趣味がありますし、仕事もありますから、1日のすべての時間を読書に費やすことはできません。しかし、それでも大量の本を日々、読破しています。

それではいつ、私は読書をしているのかというと、隙間時間を活用しているのです。私は隙間時間のすべてを読書に費やしても、それ以上のリターンがくると考えています。移動中には、電子書籍の読み上げ機能を使って、耳読をするようにしています。スマホを2台持ち歩いて、片方を読み上げ専用にしてしまっているほどです。

1日のスケジュールを分単位で記録して見直してみると、意外と隙間時間は多いものです。そのすべてを読書に費やしてみてください。初めのうちは、読むスピードも遅いかもしれませんが、慣れてくればすぐにスピードアップできます。

そうして得られた知恵や知識を使って、自分の生活をもっと効率よく、豊かにできるように努めてみてください。本書の巻末には、時間を有効活用するためにどうしたらよいか、私自身が参考にした最強の時間術本を10冊紹介しています。ぜひ、隙間時間の読書のお供にしてみてください。

実際にやるかやらないかはあなた次第

さて、いかがでしたでしょうか。本書でお話しした、タイムパフォーマンスを上げて、時間リッチになる方法を理解したなら、後は、実際にそれを実践するのみです。

かつて、私は『お金は銀行に預けるな』(光文社新書)という本を書きました。かれこれ15年も前のことになります。同書に書いてあることをきちんと実行した人だけが、いま現在、資産を何倍にも増やしています。しかし、本は読んだけれども実行には移さなかったという人は、いまも資産はたいして増えないままです。

今回の時間に関する話もそれとまったく同じです。読んだときに「なるほど」と思いながらも、実行に移さなければ、結局は何も変わらないのです。

実践して、努力を積み重ねた人だけに、10年後、20年後にびっくりするぐらい時間が増えていることを実感してもらえると思います。

本書が、あなたの幸せな人生を送るための一助になれば、私にとってこれ以上の幸せはありません。

タイムパフォーマンス
を上げる

最強の
時間術本
10選

人生の使える時間を増やして
より幸福になるための10冊

本書でお話ししたように、読書をすることは極めて能動的な作業であり、ほかの娯楽に比べて、タイムパフォーマンスのよい習慣だと言えます。さらにその時間を、もっと人生の時間を増やすことにつながる「時間術」に関する本を読むことに充てることができれば、さらに時間に関して知見を増やしていけることでしょう。そうして得られた知識に基づいて実践してみることで、自分の人生に合った時間の使い方を学ぶことができます。「タイパ」を上げるためのトライ・アンド・エラーは、未来の時間効率をよくするための投資です。決して無駄なことではありません。ここで紹介する本を手引きに、さらなる時間リッチを目指してみましょう。

1

センディル・ムッライナタン
エルダー・シャフィール

いつも「時間がない」あなたに

欠乏の行動経済学

大田直子訳　早川書房

行動経済学の成果を社会問題へ応用するためのアドバイスを行う非営利組織「アイデアズ42」の創立者でもある経済学者と心理学者による1冊。ひとつのことに集中することは、目の前のもの以外が見えなくなるトンネリングを引き起こします。しかし、突発的なことに対処するためには、ある程度のスラック（ゆとり）が必要になるのです。余剰となるスラックがあることで、いかにタイムマネジメントがスムーズになるのか、さまざまな具体例を挙げて、教えてくれます。

2

スティーブン・R・コヴィー
A・ロジャー・メリル
レベッカ・R・メリル

7つの習慣 最優先事項

フランクリン・コヴィー・ジャパン訳
キングベアー出版

もはやビジネスパーソンにとっては必読書の古典と言えるコヴィー博士の『7つの習慣』のなかでも、最も守ることが難しい「第三の習慣」である「最優先事項を優先する」をどのように実行するか。これに特化して論じているのが本書になります。「生きる」「愛する」「学ぶ」「貢献する」という4つのニーズを満たすコンパスに基づいた最優先事項の実現の仕方が、具体的に述べられています。

3

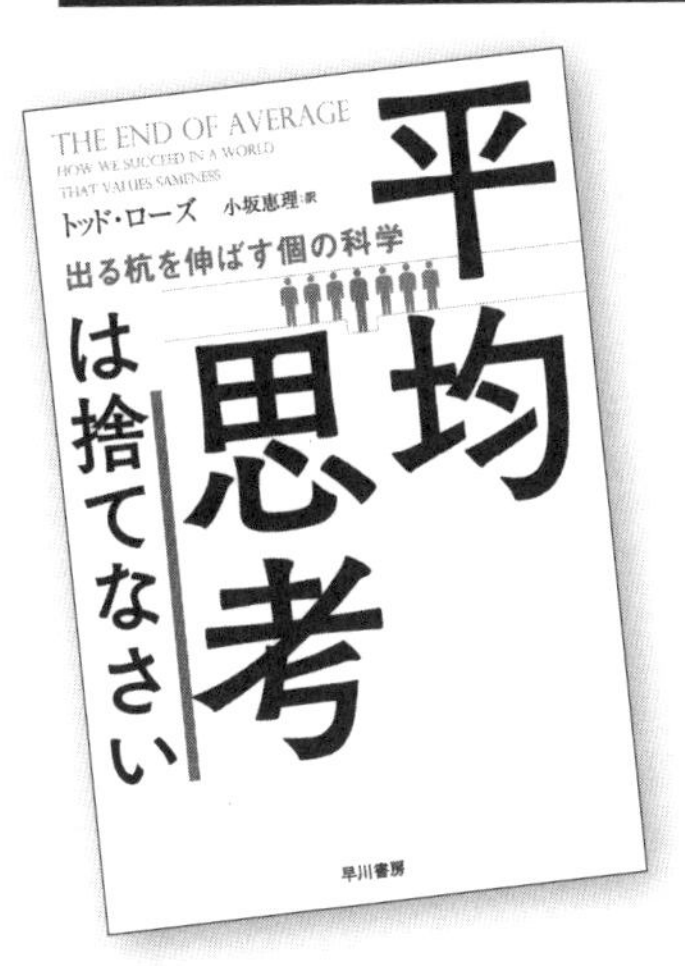

トッド・ローズ

平均思考は捨てなさい

出る杭を伸ばす個の科学

小坂恵理訳　早川書房

平均年収や平均点など、私たちはしばしば価値判断をする際に、つい「平均」という概念に依拠して考えてしまいがちです。平均を基準とする思考、つまり「平均思考」がデフォルトになり過ぎていることの弊害を、歴史を踏まえつつ最新研究を通して解説してくれる1冊です。本書を読めば、私たちの時間の使い方についても、「平均」というような基準にとらわれることなく、自分に合った思考と方法を選択できるようになるでしょう。

4

デイミアン・トンプソン

依存症ビジネス

「廃人」製造社会の真実

中里京子訳　ダイヤモンド社

大量生産大量消費が進み過ぎた21世紀の社会では、企業は作り過ぎた商品をより早く、大量に消費させるために、テクノロジーを駆使して、期待感を煽り、強い快感をもたらすために日々、競い合っています。スマートフォン、SNS、酒、スイーツなど、私たちの時間を大きく奪う依存性の高い商品やサービスがいかにビジネスモデルとして設計されているかを教えてくれます。

5

ジェームズ・クリアー

ジェームズ・クリアー式
複利で伸びる1つの習慣

牛原眞弓訳　パンローリング株式会社

行動の習慣化を「きっかけ」「欲求」「反応」「報酬」という4つのステップに分けて分析し、認知科学・行動科学の見地から行動変化の法則を解き明かした1冊。本書では日々の習慣とは複利で考えることを提唱します。投資した資金が複利の利子で増えていくように、自己改善の習慣は私たちの人生に大きな利益を生み出すのです。タイムマネジメントも、日々の習慣の積み重ねだと言えるでしょう。

6

マシュー・ウォーカー

睡眠こそ最強の解決策である

桜田直美訳　SBクリエイティブ

世界的に著名な神経科学者にして睡眠のエキスパートである著者が語る、最強の睡眠法。十分な質と量の睡眠を取ることがいかに重要か、頭の働き、身体機能、病気の予防などありとあらゆることに対する睡眠の影響について、最新の知見に基づき、具体的にわかりやすく解説してくれます。日々の活動のパフォーマンスを上げることにつながる睡眠に関する知識は、タイムパフォーマンスの向上にもつながり、人生の幸福度アップにも有益でしょう。

7

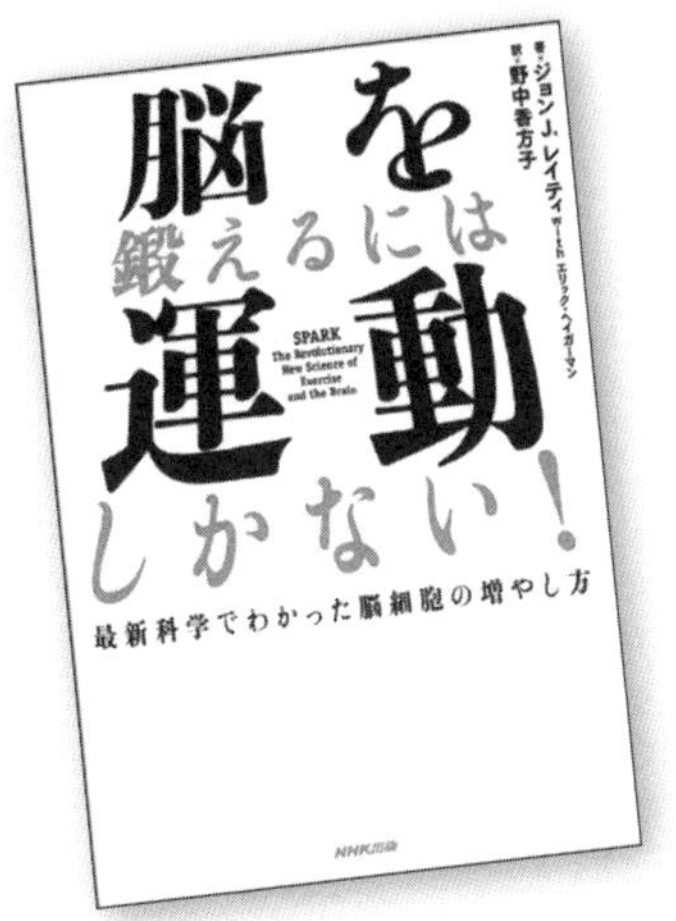

ジョン・J・レイティ
エリック・ヘイガーマン

脳を鍛えるには運動しかない!

最新科学でわかった 脳細胞の増やし方

野中香方子訳　NHK出版

本書では私たちの脳の働きがいかに密接に身体に結びつき、運動を通じて鍛えられているか、さまざまな実例を通じ、説得力を持って説明しています。運動の効用は、脳だけでなく、病気を予防し、メンタルヘルスを保つことにもつながります。その結果、日常を健やかに過ごすことができるのです。運動不足は不健康につながり、「タイパ」が悪くなります。運動の必要性を、本書を通じて、ぜひ理解しましょう。

タイムパフォーマンスを上げる
最強の時間術本10選

ロルフ・ドベリ

News Diet（ニュース ダイエット）

安原実津訳　サンマーク出版

情報が氾濫する現代社会において、日々報道されるさまざまなニュースを見るだけでも、大変な労力です。膨大なニュースに振り回されることで、私たちは精神的にも肉体的にも疲弊し、実は自分の意志に基づく健全な判断もしばしば鈍らせてしまうのです。本書は日々の生活からニュースをすべてなくす「ニュースダイエット」を行うことで、いかに充実した人生を送ることができるかを教えてくれます。

9

森博嗣

集中力はいらない

SB新書

作家の森博嗣氏が自らの思考法を紹介した1冊。しばしば物事を達成するためには集中力が必要であると言われますが、それは神話であると本書は説いています。過度に集中力を称揚することを否定し、「集中する」ことをやめ、むしろ分散型の思考こそ、情報過多の現代においては重要だと論じる、画期的な「アンチ集中力」の本です。本書では、余裕のあるタイムマネジメントを推奨しています。

10

ロリー・バーデン

自分を変える1つの習慣

児島修訳　ダイヤモンド社

英語の原著タイトルの直訳は「階段を上れ」。エレベーターやエスカレーターがあっても常に階段を上るような思考習慣や運動習慣が重要であり、成功に結びつくのだ、というのが本書の主張のひとつです。多くの人がやらない面倒な習慣は、短期的にはやらなくてもいいと思えても、中長期的には大きな意味を持ちます。コツコツと積み上げる努力を軽視せずに実践すれば、大きな成果となることでしょう。

著者紹介

勝間和代（かつま かずよ）

経済評論家、株式会社監査と分析 取締役。1968年生まれ。早稲田大学ファイナンスMBA、慶應義塾大学商学部卒業。アーサー・アンダーセン、マッキンゼー・アンド・カンパニー、JPモルガンを経て独立。少子化問題、若者の雇用問題、ワークライフバランス、ITを活用した個人の生産性向上など、幅広い分野で発言を行う。主宰する「勝間塾」にて、なりたい自分になるための教育プログラムを展開するかたわら、麻雀のプロ資格取得、YouTuberなど、活躍の場をさらに拡大中。テレビや雑誌で専門知識をフル稼働させた節約法や、自身の体験と研究をもとにした家事、家電選びのアドバイスも人気。『できないのはあなたのせいじゃない ブレインロック解除で潜在能力が目覚める』（プレジデント社）、『勝間式生き方の知見 お金と幸せを同時に手に入れる55の方法』（KADOKAWA）、『勝間式 金持ちになる読書法』『勝間式 ロジカル不老長寿』『増補改訂版 勝間式 食事ハック』（いずれも宝島社）など著書多数。公式YouTubeチャンネル「勝間和代が徹底的にマニアックな話をするYouTube」を配信中。

スタッフ
装幀：株式会社tobufune
本文デザイン：近藤みどり
本文DTP：藤原政則（アイ・ハブ）
編集：田村真義（宝島社）

仕事も人生もうまくいく！
勝間式
タイムパフォーマンスを上げる習慣

2023年2月28日　第1刷発行

著者　勝間和代
発行人　蓮見清一
発行所　株式会社宝島社
〒102-8388
東京都千代田区一番町25番地
電話　編集：03-3239-0926
営業：03-3234-4621
https://tkj.jp

印刷・製本　サンケイ総合印刷株式会社

Printed in Japan
ISBN 978-4-299-03920-0